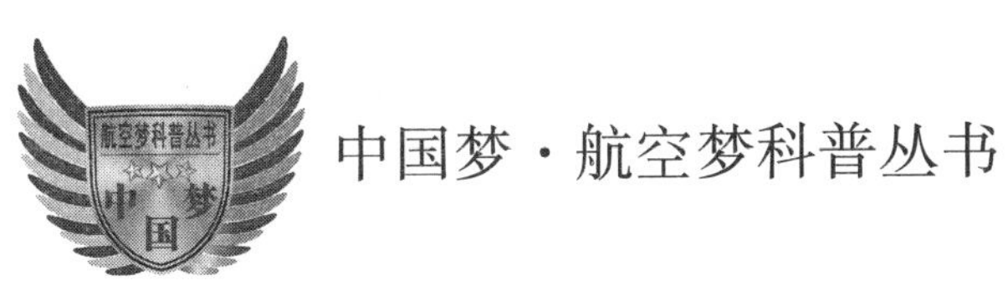

中国梦·航空梦科普丛书

中国航空博物馆全览

——工业之花

主　编　武泽阳

副主编　李明玉

国防工業出版社

·北京·

内 容 简 介

本书共5章，主要介绍航空发动机发展历程及基本知识，内容包括航空发动机概念及作用、分类及结构、中国航空发动机发展简史，以及世界前沿航空发动机研发简介等。

本书是一本全面，系统介绍航空发动机发展史的科普图书，内容涉猎物理学、化学、生物学、环境科学及工程学等多门学科知识成果，对于科普课程的开发与实施有很好的支撑作用。通过详细介绍航空发动机研发历史和更新换代的过程，向广大读者普及航空知识，介绍航空科技发展成果，倡导科学探索精神，培养公民科学素养。

本书可作为航空爱好者的入门书，也可作为院校科普教材。

图书在版编目（CIP）数据

中国航空博物馆全览．工业之花／武泽阳主编．—北京：国防工业出版社，2020.6
（中国梦·航空梦科普丛书）
ISBN 978-7-118-11986-2

Ⅰ．①中… Ⅱ．①武… Ⅲ．①航空工业－工业史－中国②航空发动机－工业史－中国 Ⅳ．①F426.5

中国版本图书馆CIP数据核字（2020）第079292号

※

国防工业出版社 出版发行
（北京市海淀区紫竹院南路23号 邮政编码100048）
天津嘉恒印务有限公司印刷
新华书店经售

*

开本 710×1000 1/16 **印张** 11½ **字数** 128千字
2020年6月第1版第1次印刷 **印数** 1—2000册 **定价** 29.00元

（本书如有印装错误，我社负责调换）

国防书店：（010）88540777 书店传真：（010）88540776
发行业务：（010）88540717 发行传真：（010）88540762

丛书序

党的十九大提出："文化是一个国家、一个民族的灵魂。文化兴国运兴，文化强民族强。没有高度的文化自信，没有文化的繁荣兴盛，就没有中华民族伟大复兴。"中华优秀文化是我们最深厚的国家软实力，也是中国特色社会主义植根的文化沃土。在博大精深的中华优秀文化中，军事文化尤为耀眼璀璨，它饱含着中华文明开拓发展的辉煌历史，凝聚着中华民族气壮山河的英雄气概，浓缩着中国人民勇于创造的高超智慧，具有极高的文明价值、社会价值和人类共同价值。在实现强军目标的伟大征程中，要充分发挥中华优秀传统军事文化的重要作用，不断增强国家文化软实力。航空文化、空天文化、空军精神是中国特色社会主义文化的重要组成部分，我们每一个中国人都是中华文化的传承者和弘扬者，作为航空人，理应大力推进航空文化的传播，讲好航空故事、空军故事，宣传中国航空和人民空军，为不断提升国家文化软实力，为实现中国梦航空梦做出积极贡献。

中国航空博物馆是中国第一座对外开放的大型航空类博物馆，也是亚洲最大的航空珍品荟萃地，坐落于北京市昌平区小汤山镇，占地 70 余万平方米，1989 年正式向社会开放，集科普、教育和旅游于一体，是国家一级博物馆、国家 4A 级旅游景区。馆区内建筑气势磅礴，"蓝天魂"、英雄纪念墙和誓言区雕塑建筑群，庄严肃穆、雄伟壮丽，徜徉其中，会在潜移默化中受到人民空军英雄气概的洗礼；展览形式多样，从各个方面反映了中国航空事业和人民空军发展壮大的光辉历程。中国航空博物馆是人民空军的队列单位，也是国家文博系统的重要组成部分，承担着国家航空博物馆与空军博物馆的双重职能，履行着宣传中国航空事业和人民空军的双重使命，是开展爱国主义、国防教育的基地，是宣传人民空军的窗口、传承红色基因的阵地、展示空军精神的殿堂、弘扬空天文化的课堂，是普及空天知识的场所和展示航空工业的平台。

本丛书共6个分册，遴选了中国航空博物馆基本陈列、专题展览及雕塑景观区，内容涵盖中国航空历史、人民空军装备发展历程、航空发动机、航空模型、空军军服、展示空军精神的英雄大道和缅怀空军英烈的蓝天魂英雄纪念墙等，以科普形式，为读者系统地、全方位地介绍中国航空博物馆，力求展现空天文化无穷魅力。

本丛书由中国航空博物馆原馆长、高级工程师、航空和军事科普专家齐贤德担任总主编，中国航空博物馆高级工程师、航空科普专家马琪，工程师、航空科普专家阳勇和青年馆员武泽阳担任副总主编，各分册作者均为长期工作在中国航空博物馆的专家、文博工作者。

本丛书旨在展示人民空军的辉煌历史和我国航空事业的发展历程，传播航空文化，传承红色基因，赓续红色血脉，普及航空知识，进行国防教育和爱国主义教育，激发广大青少年读者积极投身中国航空事业和人民空军建设，对促进我国空军和航空事业的发展具有长远的意义。

编者

2020年3月

前　言

在航空领域，航空发动机作为飞机的心脏，被誉为现代工业“皇冠上的明珠”，其制造水平代表着一个国家的科技、工业和国防实力。航空发动机是人类有史以来最复杂最精密的工业产品，又被誉为“工业之花”，它直接影响飞机的性能、可靠性及经济性，是飞机的核心部件。如果把制造业看作一座金字塔，那么航空发动机就是这座金字塔的塔尖，制造难度大、技术门槛高。航空发动机历来是各航空技术大国优先发展、高度垄断、严密封锁的关键技术，是一个国家科技水平、军事实力和综合国力的重要标志。迄今为止，世界上具有独立研发和制造航空发动机能力的只有美、俄、英、法等少数国家。自第一次世界大战飞机用于军事目的以来，以航空技术为核心的军事装备在现代战争中的作用日益突出，对战争的结局可谓举足轻重，是引起当前世界新军事变革的重要因素。由于我国过去对航空发动机的投入相对较少，与世界先进水平相比，仍存在差距。20 世纪 50 年代，中国航空发动机工业从零起步，走过了一条充满荆棘的道路。直至 2002 年，国产“昆仑”发动机定型，中国才首次走完了自行研制的全过程,也一跃成为继美、俄、乌、英、法之后的第六个航空发动机生产国。近些年来,中国加大了航空发动机自主研发力度,努力追赶国际顶尖水平,在诸多关键技术上有了显著进步。目前,中国航空发动机发展已经进入快车道。

在本书编写过程中,中国航空博物馆,以及许多参与中国航空博物馆建设的老专家、老同志给予了很大的帮助和支持。在此,一并表示衷心的感谢!

由于水平有限,成书时间又比较紧迫,书中难免存在错误和不当之处,恳请读者批评指正。

编者

2020 年 3 月

目　录

第1章
你真的了解天空吗

1.1 远古时期的中国神话

1.1.1 盘古开天辟地

自古以来,人们就对天空充满了无限的向往。在中国一直流传着许许多多的神话故事。让我们先从我国古人认知天地的起源说起:话说在很久很久以前,天和地并不是分开的,宇宙是一片混沌。在这黑暗之中经过了一万八千年,孕育出了一个力大无穷的神,他的名字叫盘古(图1.1)。

有一天,盘古突然醒了。他见周围一片漆黑,就抡起大斧头,朝眼前的黑暗猛劈过去。只听一声巨响,混沌一片的东西渐渐分开了。轻而清新的物质,缓缓上升,逐渐形成了天;重而浊的东西,慢慢下降,就变成了大地。

天和地分开以后,盘古怕它们还会合在一起,就头顶着天,用脚使劲蹬着地。天每天升高一丈,盘古也随着越长越高。这样不知过多少年,天和地逐渐成形了,盘古也累得精疲力竭,倒了下去。

盘古倒下后，他的身体发生了巨大的变化。他呼出的气息，变成了流动的风和飘浮不定的云；他发出的声音，化作了隆隆的雷声；他的双眼一只变成了太阳，另一只变成了月亮；他的四肢躯体变成了高耸的山川和辽阔的大地；他的血液，变成了奔流不息的江河；他的汗水，变成了滋润万物的雨露……

“盘古开天辟地”还隐含着一层意思：“盘”是盘问、盘话的意思，“古”是以前就存在的事物，可以引申为早已存在的“道”。整句话的意思就是不断追溯早已存在的“道”，可以开天辟地。

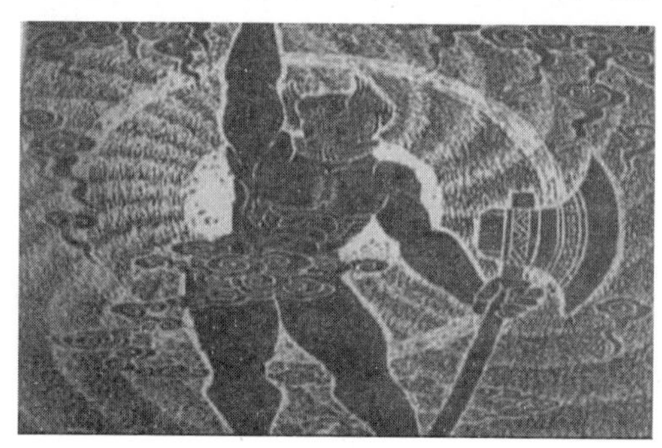

图 1.1　盘古想象图

1.1.2　女娲补天

有了天地后，并没有出现人类，只有天上的神仙和神兽途经大地，直到神话时期上古女神女娲（图 1.2）的出现。相传她走到黄河边，一直是孤身一人，倍感孤寂，于是用黄河的泥土仿照自己捏出了泥人，并施加法力赋予这些泥人生命，于是地上才有了人类。有了人类后，她又参照怪兽，创造了动物……就这样，女娲带着刚出现的人类一起快乐地生活，她教会了人类狩猎、捕食和繁衍生息。但幸福的

图1.2　女娲补天想象图

时光没过多久，掌管火力量的火神祝融和掌管水力量的共工由于不合，打起仗来。共工把支撑天空的神柱撞倒了，天塌下半边，砸了很多窟窿，大地都被砸裂了，天上不断有陨石、天火和天河从破裂的天洞中落下，大量的人不断被陨石砸死或被大火吞噬；地上的洪水也与天河之水汇合在一处，造成了地面的水患，威胁着万物繁衍栖息的家园。

女娲看到世间万物濒临灭绝，人们东躲西藏，无处容身的惨象，心中十分痛惜。为解救生灵，她决定采石补天——用五色石把天补上。女娲把五色石块炼成五彩晶石，把已碎的像渔网似的天一点点地补了起来，眼看就要大功告成，但想不到在五色晶石用完后破碎的大竟然没有补好。天上还有一个大大的窟窿，只要还有破洞，天就随时会继续崩裂，那样的话，先前的工作就白做了，而生物从此将永远地生活在这如同地狱的大地之上，万物将逐步走向灭亡。女娲痛苦地思考了很久之后，毅然飞向天空，万物知道了她的决定，都悲痛不已。女娲最终牺牲了自己的生命，用身体把天上最后一个大洞补好……天地间恢复了久违的宁静,还出现了五彩的云霞和彩虹,世间万物又都生机勃勃地活跃在大地上,但它们从来没有忘记那个牺牲自己幻化成天空一直守护着这个大地的女娲。

1.2　天马行空的希腊神话

1.2.1　无法驾驭太阳神马车

古希腊神话中,太阳神哈利尔斯与海洋女神克鲁墨涅的儿子梵厄同,女儿赫利阿得斯居住在美丽的太阳神神殿里。梵厄同天生阳光俊朗,但冲动自负;妹妹赫利阿得斯温柔善良,却因没能得到父亲太阳神那样美丽的面孔而自卑。

由于赫利阿得斯嫉妒梵厄同,一个无知的谎言在她的脑海中诞生了。有一天,她找到梵厄同,对他说:“亲爱的哥哥,我不能再隐瞒你了,虽然她是我们的母亲,我本不该嘲笑她什么,但我不得不告诉你,你并非天国的子孙,而是克鲁墨涅,也就是我们亲爱的母亲,和一个不知名的凡人所生。”冲动的梵厄同轻易地相信了一向不说谎的妹妹,跑到父亲哈利尔斯那里问个究竟。梵厄同跨进太阳神宫殿,却不敢走得太近,因为父亲身上散发着一股炙人的热光,靠得太近他会受不了。哈利尔斯穿着古铜色的衣裳,坐在镶嵌着耀眼的绿宝石的宝座上,在他的左右依次站着他的文武随从。一边是日神、月神、年神、世纪神等,另一边是四季神:春神年轻娇艳,戴着花项链;夏神目光炯炯有神,披着金黄的麦穗衣裳;秋神仪态万千,手上捧着芬芳诱人的葡萄;冬神寒气逼人,雪花般的白发显示了无限的智慧。

有着一双慧眼的哈利尔斯正襟危坐，正要发话，突然看到儿子来了。他亲切地问道："什么风把你吹到父亲的宫殿来了，我的孩子？"

"尊敬的父亲，"儿子梵厄同回答说，"因为大地上有人嘲笑我，谩骂我的母亲克鲁墨涅。他们说我自称是天国的子孙，其实不是，还说我是杂种，说我父亲是不知姓名的野男人。所以我来请求父亲给我一些凭证，让我向全世界证明我确是你的儿子。"

他讲完话，哈利尔斯收敛围绕头颅的万丈光芒，吩咐年轻的儿子走近一步。他拥抱着儿子，说："我的孩子，你的母亲克鲁墨涅已将真情告诉了你，我永远也不会否认你是我的儿子，不管在什么地方。为了消除你的怀疑，我可以给你一份礼物。我对冥河发誓，一定满足你的愿望！"

梵厄同没有等到父亲说完，立即说："那么请你首先满足我梦寐以求的愿望吧，让我用一天的时间，独自驾驶您的那辆带翼的太阳车！"

太阳神一阵惊恐，脸上流露出后悔莫及的神色。他一连摇了三四次头，最后忍不住地大声说："哦，我的孩子，我如果能够收回诺言，那该多好啊！你的要求远远超出了你的力量。你还年轻，而且又是人类！没有一个神敢像你一样提出如此狂妄的要求，因为除了我以外，他们中间还没有一个人能够站在喷射火焰的车轴上。我的车必须经过陡峻的路，即使在早晨，马匹精力充沛，拉车行路也很艰难。旅程的中点是在高高的天上，当我站在车上到达天之绝顶时，也感到头晕目眩。只要我俯视下面，看到辽阔的大地和海洋在我的眼前无边无际地展开，我也会吓得双腿都发抖。过了中点以后，道路又急转直下，必须牢牢地抓住缰绳，小心地驾驶。甚至在下面高兴地等待我的海洋女神也常常担心，怕我一不注意从天上掉入万丈海底。你只要想一下，天在不断地旋转，我必须竭力保持与它平行逆转。因此，即使我把车借给你，你又如何能驾驭它？我可爱的儿子，趁现在还来得及，放弃你的愿望吧。你可以重提一个要求，从天地间的一切财富中挑选一样。我对冥河起过誓，你要什么就能得到什么！"

可是这位年轻人很固执，不肯改变他的愿望，而且太阳神已经立过神圣的誓言，怎么办呢？他不得不拉着儿子的手，朝太阳车走去。车轴、车辕和车轮都是金的，车轮上的辐条是银的，辔头上嵌着闪亮的宝石，梵厄同对太阳车精美的工艺赞叹不已。不知不觉中，天已破晓，东方露出了一抹朝霞。星星一颗颗隐没了，新月的弯角也消失在西方的天边上。女神们从豪华的马槽旁把喷吐火焰的马匹牵了出来，马匹都喂饱了可以长生不老的饲料，她们忙碌地套上漂亮的辔具。然后父亲用圣膏涂抹儿子的面颊，使他可以抵御熊熊燃烧的火焰。他把光芒万丈的太阳帽戴到儿子的头上，不断叹息地警告儿子说："孩子，千万不要使用鞭子，但要紧紧地抓住缰绳。马会自己飞奔，你要控制它们，使它们跑慢些。你不能过分地弯下腰去，否则，地面会烈焰腾腾，甚至会火光冲天。可是你也不能站得太高，当心别把天空烧焦了。上去吧，黎明前的黑暗已经过去，抓住缰绳吧！或者——可爱的儿子，现在还来得及重新考虑一下，抛弃你的妄想，把车子交给我，使我把光明送给大地，而你留在这里看着吧！"

这个年轻人好像没有听到父亲的话，他嗖地一声跳上车子，兴冲冲地抓住缰绳，朝着忧心忡忡的父亲点点头，表示由衷的感谢。

四匹有翼的马嘶鸣着，它们灼热的呼吸在空中喷出火花。马蹄踩动，梵厄同让马儿拉着车辕，即将启程了。外祖母泰西斯走上前

来，她不知道外孙梵厄同的命运，亲自给他打开两扇大门。世界广阔的空间展现在他的眼前，四匹神马扬蹄嘶鸣，奋勇飞奔，转瞬间冲破了拂晓的雾霭。

马匹似乎知道今天驾驭它们的是另外一个人，因为套在颈间的轭具比平日里轻了许多，如同一艘载重过轻、在大海中摇荡的船只，太阳车在空中颠簸摇晃，像是一辆空车。后来，马匹觉察到今天的情况异常，它们离开了平日的故道，任性地奔突起来。梵厄同颠上颠下，感到一阵战栗，失去了主张，不知道朝哪一边拉绳，也找不到原来的道路，更没有办法控制撒野奔驰的马匹。当他偶尔朝下张望时，看见一望无际的大地展现在眼前，他紧张得脸色发白，双膝也因恐惧颤抖起来。他回过头去，看到自己已经走了很长一段路程，望望前面，路途更长。他手足无措，不知道怎么办才好，只是呆呆看着远方，双手抓住缰绳，既不敢放松，也不敢过分拉紧。他想喝止马匹，但又不知道它们的名字。惊慌之余，他看到星星散布在空中，奇异而又可怕的形状如同魔鬼。他不禁倒吸一口凉气，不由自主地松掉了手中的缰绳（图 1.3）。马匹拉着太阳车越过了天空的最高点，开始往下滑行。它们高兴得索性离开了原有的道路，漫无边际地在陌生的空中乱跑，一会儿高，一会儿低，有时几乎触到高空的恒星，有时几乎坠入邻近的半空。它们掠过云层，云彩被烧烤得直冒白烟。后来，马儿又漫不经心地拉着车，差点撞在一座高山顶上。

大地受尽炙烤，因灼热而龟裂，水分全蒸发了。田里几乎冒出了火花，草原干枯，森林起火。大火蔓延到广阔的平原。庄稼烧毁，耕地成了一片沙漠，无数城市冒着浓烟，农村烧成灰烬，农民被烤得焦头烂额。山丘和树林烈焰腾腾。河川翻滚着热水，可怕地溯流而上，

图1.3　驾着太阳神马车的梵厄同

直到源头,河川都干涸了。大海在急剧地凝缩,从前是湖泊的地方,现在成了干巴巴的沙砾。

梵厄同看到世界各地都在冒火,热浪滚滚,自己也感到炎热难忍。感觉好像每一次吸入的空气都是从滚热的大烟囱里冒出来似的。他感到脚下的车子好像一座燃烧的火炉。浓烟、热气把他包围住了,从地面上爆裂开来的灰石从四面八方朝他袭来。最后他支持不住了,马和车完全失去了控制。乱窜的烈焰烧着了他的头发。

最后,宙斯只好用一道闪电劈向梵厄同,他一头扑倒,从豪华的太阳车里跌落下去。可怜的梵厄同如同燃烧着的一团火球,在空中激旋而下。太阳神的儿子就这样陨落在了埃利达努斯河之中,可怜他的尸体已被烧得残缺不全。哈利尔斯目睹了这悲惨的情景,他抱

住头，陷于深深的悲哀之中。绝望的母亲克鲁墨涅与她的女儿哈利阿得斯抱头痛哭。她们一连哭了四个月，温柔的妹妹变成了白杨树守护在埃利达努斯河旁。

1.2.2 挥起翅膀的父子

古希腊神话中还流传着代达罗斯和伊卡洛斯父子的传说，象征着人类自古不灭的飞行梦想——拥有一对翅膀，可以自由自在地在天空翱翔。代达罗斯是一位伟大的艺术家、建筑师和雕刻家，精湛的技艺让他声名远扬。可是，就像所有天才那样，代达罗斯也有他自己的弱点，他是一个极度爱慕虚荣，爱嫉妒的人，这也决定了他的命运。代达罗斯有个外甥，名叫塔洛斯。塔洛斯仰慕代达罗斯的技艺，向他学习建筑和雕刻。塔洛斯从小具有艺术天分，并励志在雕刻领域有所成就。塔洛斯少年时代就已经发明了圆规、锯子等精巧的工具，跟随代达罗斯学艺后，更是一日千里，技艺进步神速。代达罗斯都看在眼里，十分嫉妒外甥的天分和才能，担心塔洛斯会超过他，茶饭不思，惶惶不可终日。终于，在一个雷雨交加的夜晚，代达罗斯因为嫉妒而发狂，来到熟睡的塔洛斯的房间，用石块残酷地砸向了自己的外甥，可怜的天才塔洛斯，在睡梦中就送了性命。代达罗斯趁着夜色，带着儿子伊卡洛斯逃走了，来到了克里特岛。代达罗斯去拜访了克里特岛的国王米诺斯，米诺斯十分赏识代达罗斯精湛的雕刻技艺和艺术天分，他们成为十分要好的朋友。代达罗斯虽然受到国王的尊重，但他感觉到国王其实并不信任他。果然，米诺斯让代达罗斯设计建造一座迷宫，用来困住一只牛头人身的怪物米诺陶洛斯（Minotaur）。几年之后，迷宫建造完成，为了防止迷宫的秘密泄露，米诺斯将代达

罗斯和伊卡洛斯父子也锁在了迷宫中。代达罗斯不愧为天才和能工巧匠，久经考虑后，他高兴地对儿子说："米诺斯虽然在陆地上锁住了我们的去路，但在空中我们是畅通无阻的"。说完后，他们开始收集迷宫中鸟类落下的羽毛，代达罗斯使用精湛的技艺把羽毛用麻线捆在木板上，并在末端用蜡封牢。最后，代达罗斯终于制作出了像鸟类一样可以飞翔的翅膀。

他给儿子也做了对翅膀，并教会他飞翔的技艺。第二天清晨，风和日丽，他们准备从空中逃离克里特岛。"你要当心，必须在半空中飞行，因为如果飞得太低，翅膀上的羽毛碰到海水会变得沉重，你就会掉到海里；如果飞得太高，翅膀上的蜡会因靠近太阳而融化。"代达罗斯一边说，一边把翅膀给儿子戴上。两个人挥动翅膀渐渐地升上了天空（图 1.4）。代达罗斯飞在前面，伊卡洛斯紧随其后，小心地扇着翅膀。开始时一切都很顺利，不久他们就飞离了克里特岛，在广阔无垠的大海上空翱翔。伊卡洛斯感到飞行十分轻快，不由得开始骄傲起来。于是，他挥动着翅膀朝高空飞去。伊卡洛斯越飞越高，享受着飞行的快乐，早已忘了父亲之前的叮嘱，他万万没想到的是，强烈的阳光融化了翅膀上的封蜡，翅膀上的羽毛开始松动，纷纷掉落。可怜的伊卡洛斯只得用两手在空中拼命地挥动翅膀，可怎么都漂浮不起来，他大声呼唤父亲，可是因距离太远，代达罗斯根本没有察觉到。很快，伊卡洛斯一头栽落下去，落到了大海中，海浪瞬间将他吞没了。这一切发生得很突然，当代达罗斯再次回过头来时，并没有看到儿子。"伊卡洛斯，伊卡洛斯！"他预感不妙，大声呼唤儿子，盘旋在海面上四处寻找。最后，他惊恐地发现海面上漂着许多羽毛。代达罗斯连忙降落在附近一座海岛上，张大眼睛，满怀希望地寻找着儿

子。不一会，汹涌的海浪把伊卡洛斯的尸体推上了海岸。代达罗斯悲痛欲绝，将儿子埋葬在了海岛上。为纪念他的儿子，这座爱琴海背部的海岛被后人称为伊卡利亚岛。

不管是中国的远古神话还是西方的希腊神话故事，结局总是充满了悲情色彩，因为人们对未知的天空既充满了好奇，也满怀敬畏。

图1.4 伊卡洛斯的翅膀逐渐被太阳融化

1.3 中华大地上的古代探索

1.3.1 能工巧匠在天空“斗法”

人类始终对天空充满向往，不断探索振翅高飞、拥抱蓝天的途

径。中国古代的风筝、孔明灯、木鸢，都是中国人对飞行的早期尝试。《中国:发明与发现的国度》一书中曾推测中国很有可能在2000多年就有载人风筝，并取得了飞行成功，至少飞到了610米的高空。无数先贤曾梦想肋生双翅翱翔天空，如御风而行的列子、梦中化蝶的庄周等。但早在春秋时期就有人发明了飞上天空的器物，他们就是墨子和鲁班。

据史书记载，中国古代的墨子（图1.5）和鲁班（图1.6）都曾经发明过飞鸟，并创造过飞三日而不落（据推测，动力是来自飞鸟体内的老鼠）的纪录。但相传由于飞鸟造成了不祥的后果，被当时认为那是奇技淫巧，会危害后世，所以飞鸟的制法没有传承下来。

图1.5　墨子

相传墨子的父亲名叫墨通，是一位高级工匠。由于他自幼在洛邑的学校中跟随父亲学习工匠手艺，因此技艺极其精湛。而公输般（鲁班）早年也是墨道的学生，加之公输般比墨子大十多岁，所以墨子尊其为师兄。因而在墨子在茅山办学时，就请了公输般担任工技

图 1.6　公输般(鲁班)石像

老帅。但由于公输般有些自负,因此显得有些傲慢。有一次,学生泰山在完成作业时有些自我发挥,没有完全照他的意见做,最后被公输般赶走了。墨子知道后批评了他几句,他竟赌气离开了道院。后来墨子派人请他回来,他却提出要同墨子比巧。并声言,他若比败了,他就回来;如果墨子败了,墨子以后就得听他的。

不久,墨子做了一个木鸢(图 1.7),飞了一天就坏了,而公输般做的“鹊”,却能飞三天而不落,所以他就以为自己是最巧的人,提出要与墨子比放风筝。墨子无奈,只好同他比起来。

图 1.7　墨子做的木鸢

这是阳春三月的一个晴朗日子,风筝山上人山人海。公输般趾高气扬地来到风筝山,不时地蔑视着墨子并暗自发笑,他断定墨子一定败在他手下。

比赛开始了,公输般首先放出了他的鹊(图 1.8)。果如其然,他的鹊很快就飞上了高高的晴空。看热闹的乡亲们也一阵又一阵地为他鼓掌喝彩。

这时不少乡邻都为墨子出了一身冷汗,因为墨子的风筝是一个木鸢,又大又重,能不能飞起来大家都难以断定。可是墨子镇定自若,不慌不忙地开始了。他稳稳当当地起跑,小心谨慎地放线,木鸢慢慢地飞了起来,并且很快地腾上了高高的蓝天。一会儿竟越过沙

图 1.8　公输般造鹊

河飞到了老虎岭的上空，而把公输般的鹊远远地抛在了后面。骤然间人海中响起了一阵又一阵赞叹和雷鸣般的掌声。

然而公输般的鹊，此时再也飞不起来了。尽管他拼命拉线操控，观众拼命地为他鼓劲加油，他的鹊却还是升不起来。就在大家为他鼓劲时，公输般却突然扔掉了手中的线绳，转身下山而去，头也没有回地走了……

墨子不知道他要去哪里，所以也没有去追他。墨子望着公输般远去的身影，既失望，又心疼。不过他以为公输般是在赌气，他会回来的，然而公输般却没有再回来，而一直往南方走去了。

这时，不少乡亲仍围着墨子在夸他的手巧，制作技术高超，可是墨子却总是摇头，乡亲们谁也不知他在想什么。就在这时，墨子吩咐弟子砍了一根树桩,并很快削成了一根车轴,然后套上一头驴子,装上一车石头,在山下转了三圈。然后对乡亲们说:“巧为輗,拙为鸢。风筝飞得虽高,却不能为人带来利益,车却可以帮人载重。真正的巧是做车,而不是做风筝。”

1.3.2 韩信的风筝战术

据说,韩信(图1.9)是风筝(图1.10)的发明人。当年楚汉相争最后一战垓下之战中,楚军尚有十万精兵,并且由锐不可当的项羽掌控。刘邦方面虽有三十万汉军,但要与鱼死网破的楚军交锋,胜负尚未分出。这时候韩信为主帅,将项羽团团围住,这就是典故十面埋伏的由来。然后韩信用牛皮制成风筝,上敷竹笛,夜晚的时候放飞到空中,高空中的风吹得竹笛发出凄厉的声音,汉军配合着竹笛声唱起了楚歌。

长期在外作战的楚军听了,军心溃散,无心恋战,有的甚至也情不自禁地跟着唱起来。汉军趁机掩杀,楚军大败,溃不成军,楚霸王也在乌江自刎,汉军获得全面的胜利。据说风筝就是这时候发明的。

中国古代的先贤虽然都意识到了天空的重要性,并发明了一些能够以不同方式在天空短暂停留的物体,并利用风筝等夺取军事胜利,但却没有人能够将风筝、木鸢、孔明灯等用于造福人类,惠及百姓。这主要是因为古代的发明家仅仅把精力用于制作工艺,没有能够将天空作为一门学科进行系统深入研究。

实践证明,单纯研究可飞行的物体并不能将人类真正带上天空,能够操作自如地驾驶航空器在天空中翱翔,需要用科学的方法研究空气动力学。

图 1.9　韩信

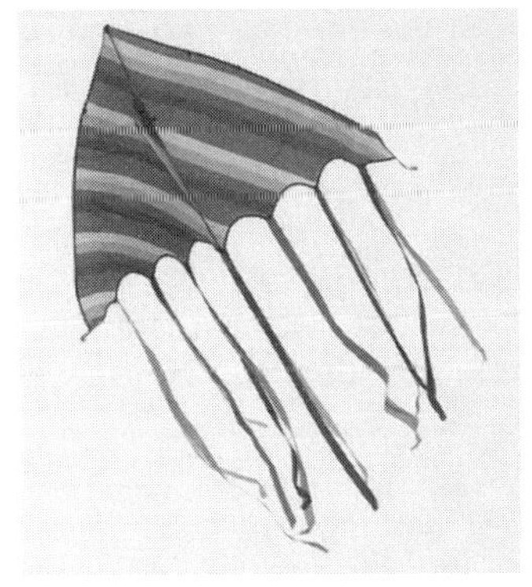

图 1.10　风筝图

1.4 现代文明开启天空新纪元

1.4.1 天空的范畴

我们常听到“天空”这个词,其实它有两个范畴:天和空。近代,人们逐步认识到地球不是固定不动的,而是按照一定规律进行自转和公转的,而地球外部存在着一个包围着地球并随着地球旋转的空气层,被称为大气层。有了大气层的存在,地球才能够锁住氧气和水分,在太阳的光照下,为地面的万物提供生存和栖息的环境。整个大气层随高度不同表现出不同的特点,分为对流层、平流层、中间层、暖层和散逸层(图 1.11),再上面就是星际空间了。人们称大气层内的地上空间为“空”,称大气层外的空间为“天”。航空飞行指飞行器在地球大气层内的航行活动,航天飞行指飞行器在大气层外宇宙空间的航行活动。航空航天活动极大地改变了交通运输的形式。

1.4.2 破译达·芬奇的飞行手稿

15 世纪,达·芬奇(图 1.12)开始研究水波、管流、水力、机械、鸟的飞翔原理等问题。

1894 年,英国人利用风筝进行了空中战场的观察,巴登·鲍威尔成为欧洲进行载人飞行的第一人。

人们逐渐认识到,飞行是复杂学科,属于科学范畴,单靠冒险无济于事。要想实现升空飞行的理想,首先必须研究飞行这门新的科学。伟大的艺术家达·芬奇是第一位以科学家的态度研究飞行的

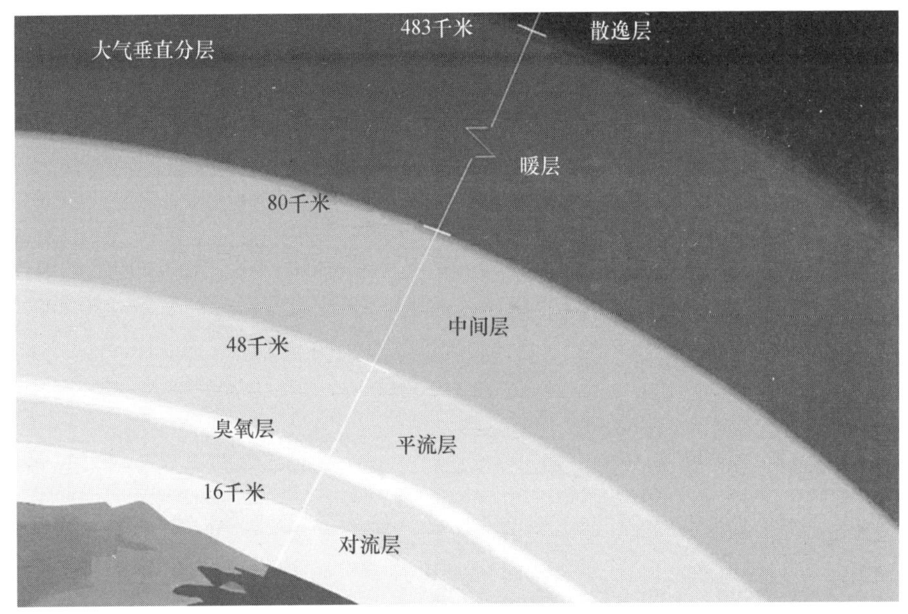

图 1.11　大气层示意图

人。他在设计扑翼机的同时，还涉及了直升机和降落伞。

达·芬奇究竟是谁？他是个画家，同时还是数学家、音乐家、发明家、生物学家、解剖学家、雕塑家、物理学家和机械工程师……从他所从事研究的每个领域出发，都能获得截然不同的答案。我们仿佛是盲人，而他是那头大象。这头诞生于 1452 年的大象，最终成为一道“硕大”的谜语，流传至今。

弗洛伊德是猜谜者中的一位，1910 年他出版了《列昂纳多·达·芬奇及其对童年的一个记忆》，尝试将其精神分析学说运用于历史研究。达·芬奇 400 多年前留在飞行研究手稿边缘的一段记录显示，幼年他曾做过一个梦，梦中尚睡在摇篮中的达·芬奇被一只鸟袭击，鸟的黑色尾翼刺进了他的嘴巴。弗洛伊德据此获得的推论是：

图 1.12　达·芬奇自画像

达·芬奇缺乏恒心,他对亲生母亲感情复杂,他缺乏安全感。

弗洛伊德的结论非常适用于他创造的理论结构,但如果从一个更为直接的方式来理解这个梦的话,或许更加通俗易懂并且浪漫美好:达·芬奇对于飞行的痴迷从他摇篮时代就已经开始,并将矢志不渝。这也就能够合理解释为什么"缺乏恒心"的达·芬奇草草放弃了很多颇具潜力的作品、轻易舍弃了对于母爱的怀念,却终其一生执着于鸟类飞行以及人类飞行器的研究。

很多时候达·芬奇的研究和创作多是兴之所至,正如弗洛伊德所说,这些灵感来得或许猛烈但不持久。但他对飞行器,或者说

飞翔现象的研究却系统而长远。这从他留下的带编号的手稿中可以轻易看出，庆幸我们并不需要学会精神分析才能理解达·芬奇的思想。

当达·芬奇 1505 年在《鸟类飞行研究手册》上写下第一个字母的时候，已经回到佛罗伦萨度过了 5 年都市生活。他曾花大量时间观察鸟类飞行姿态，并在山间埋头写下大量笔记，内容也基本上集中在鸟类飞行技巧的记录和研究。这一时期的研究成果收录在他的三部手稿中：手稿 L(1497—1504 年)、手稿 K(1503—1505 年)以及《鸟类飞行研究手册》(约 1505 年)。

在笔记的扉页，达·芬奇这样描述他设计的飞行机器第一次试飞时的景象："巨鸟的首次飞行将会从 Cereri 山[①]的背面开始，它的光辉将照亮天地万物，盛名远扬，荣耀永驻……"这或许也正是达·芬奇超越他所在时代的一个证明：在那个时代，人们将人体与飞行之间的联系还局限于带翅膀的天使形象时，达·芬奇已经在研究如何让人类真正飞起来。

编号 K 的手稿记录在一本 10 厘米×7 厘米尺寸的笔记本上，研究的内容仅局限于两类：一类是借由风力完成的转弯和平衡动作；另一类则致力于记录飞行状态和机械原理——没有风的帮助，完全通过振翅来完成。早年达·芬奇也曾研究过这些内容，但当时这两类研究都仅局限于机械层面，而现在达·芬奇将它们与自然飞行状态联系起来了。

尽管这些内容都是在仓促中草草完成的，并且是对自然界的研

---

① 15 世纪，意大利境内的一座山。

究,但它仍是飞行机器制造计划的一部分。根据手稿 L 中的说明,这个计划详尽,步骤明确,将鸟类的研究分成四部分:首先是借助挥动翅膀完成的飞行(图 1.13);其次是借助风力完成的飞行;再次是鸟类、蝙蝠、鱼类、昆虫以及其他生物在普遍意义上的飞行;最后是机械完成飞行动作。

从手稿 L 与手稿 K 中很多页都有被划线和打叉的痕迹来推断,这些临时记录的草稿最后被重新仔细誊录。这些关于鸟类自然飞行状态与其机械原理的研究最终在《鸟类飞行研究手册》中完成了一部分。

尽管达·芬奇的书写缺乏连续性,但是在《鸟类飞行研究手册》中,有两部分内容可以清楚归纳:一部分是通过振翅完成的飞行;另一部分是在风中保持平衡。这两部分自然飞行动作后面都描绘着机械设备的草图,这些设备都试图模仿出鸟类飞行动作。

值得着重指出的是,与他以往的研究一样,达·芬奇在他的飞行机器研究中,将动力问题(扑扇翅膀)与灵活性问题(滑翔)分为独立的两部分来研究,充分说明他对于物理研究与机械研究的严格区分。

此外,达·芬奇的研究又从鸟类与其他飞行生物延伸到自然界影响飞行的主要因素上来:水与空气。例如,风是如何使鸟类的翅膀发生弯曲的。在研究的后期,达·芬奇逐渐发现自然现象的发生与生物适应环境的方式,比生物本身(包括人类)更为重要。

到了 19 世纪,飞机的研制进入了一个空前活跃的时期。一方面,有关飞机升力、阻力、稳定和操纵的理论初步建立起来;另一方面,动力飞机的研制探索取得了可贵的经验。

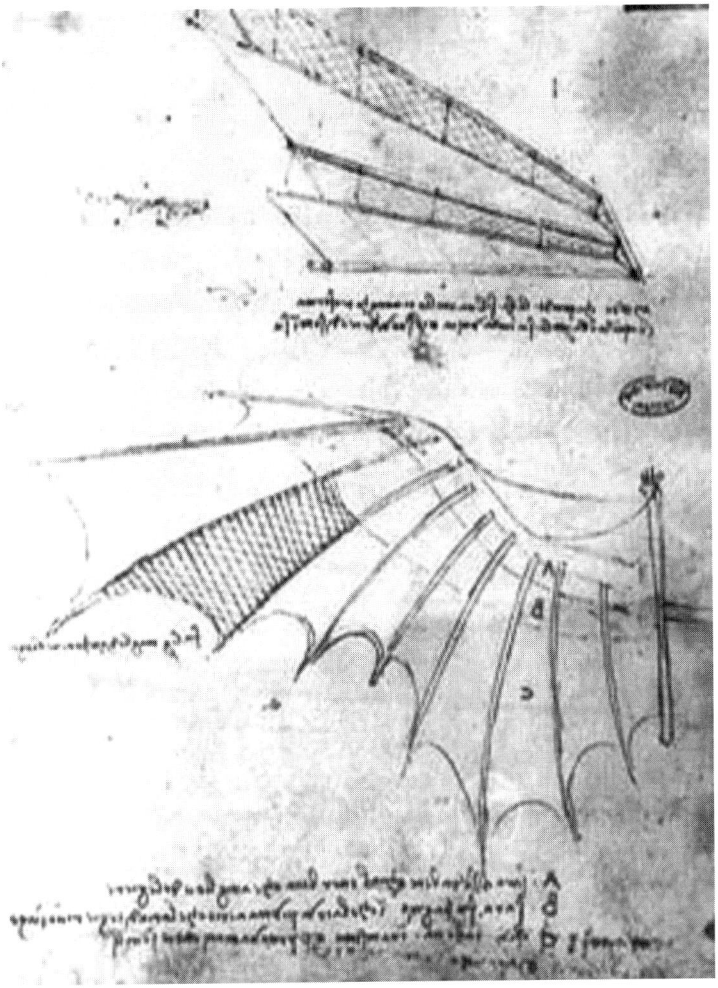

图 1.13　达·芬奇著作中的一页

第2章
“上天”的动力

飞机起飞、直升机悬停、导弹发射……这一切都需要有动力装置为它们提供动力。在大气层内,为航空飞行器提供动力的就是航空发动机。

2.1 航空发动机的定义

航空发动机指的是航空器所采用的动力装置(或称推进系统)的简称。它由发动机和为保证其正常工作所需系统和附件组成(这里的航空器指的是能在大气层内进行可控飞行的各种飞行器,如飞机、直升机和飞艇等)。航空发动机的水平是影响航空器性能的重要因素,有人把它比喻为飞机的心脏。正是由于功率重量比较高的航空发动机的出现,才使动力飞行于1903年首次取得成功。此后人类的航空事业才有了迅猛的发展。

1903年1月,法国科学家勒努尔(Lenoir)计算出载人飞机的发动机重量功率比不应超过7.8千克/马力(约为10.6千克/千瓦)。超过这一数值说明这种发动机的相对重量较大,它所产生的功率,通

过螺旋桨产生的拉力(或推力)无法克服飞机的平飞阻力和使飞机产生加速度。

2.2 航空发动机的探索

1688 年,法国物理学家德尼斯·帕潘,曾用一个圆筒和活塞制造出第一台简单的蒸汽机,帕潘的发明没有实际运用到工业生产上。10 年后,英国人托易斯·塞维利发明了蒸汽抽水机,主要用于矿井抽水。1705 年,英国的铁匠托马斯·纽科门(Thomas Newcomen, 1663—1729)(图 2.1)经过长期研究,综合帕潘和塞维利发明的优点,取得“冷凝进入活塞下部的蒸汽和把活塞与连杆连接以产生运动”的专利权(图 2.2)。

图 2.1 托马斯·纽科门

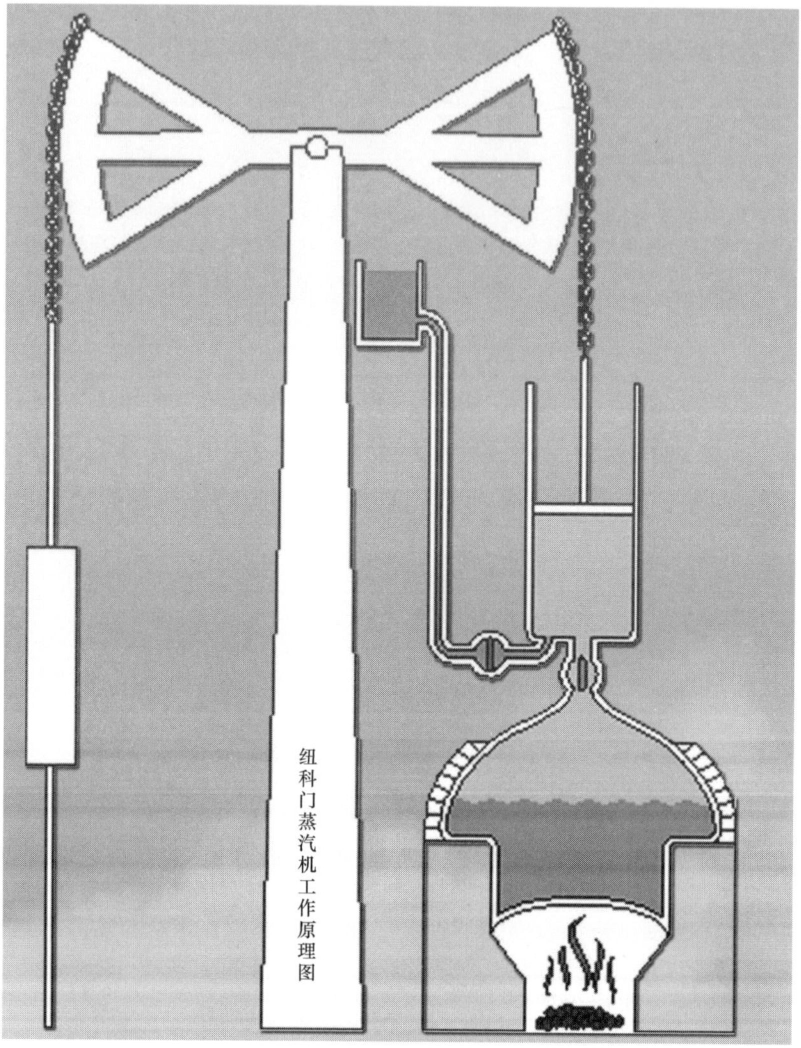

图 2.2　纽科门蒸汽机工作原理图

2.2.1 外燃机

1712年,纽科门首次制成可供使用的大气式蒸汽机,被称为纽科门蒸汽机,是世界上第一个使用的蒸汽机(图2.3),主要用于抽出矿井的积水。蒸汽机是通过燃烧煤炭,再将煤炭蕴含的化学能转换为机械能,它的燃烧过程是在汽缸外部进行的,因而属于外燃机(图2.4)。它的出现,导致产业革命时代的到来。但当人们利用它研制各种交通工具时,并不总是成功的。

图2.3 托马斯·纽科门发明的蒸汽机

1763年,在英国格拉斯大学负责修理纽科门发动机的詹姆斯·

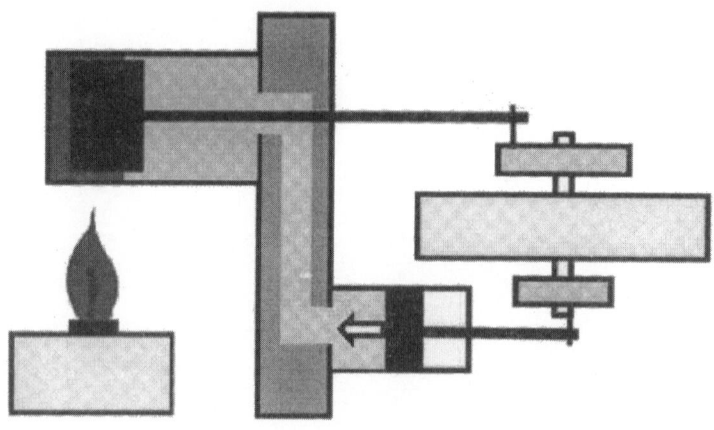

图 2.4　外燃机原理图

瓦特(James Watt,1736—1819)(图 2.5)对这种发动机进行了修改,改进后的发动机于 1769 年取得专利。他被公认是蒸汽机的最终发明人。

图 2.5　詹姆斯·瓦特

2.2.2 外燃机的应用

1769—1770 年,法国军事工程师尼古拉·约瑟夫·居纽(Nicolas Joseph Cugnot,1725—1804)根据帕潘提出的原理发明了蒸汽动力火燃牵引车(图 2.6)。他的发明虽然恰好与瓦特取得蒸汽机发明专利在同一年,但与瓦特没有关系。

图 2.6 居纽和他发明的蒸汽动力火燃牵引车

1807 年,曾是首饰店艺徒的美国人罗伯特·富尔顿(Robert Fulton,1765—1815)去欧洲学画不成,却发明了蒸汽轮船。

1814 年,英国工人乔治·史蒂文森(Geoge Stephenson,1781—1848)发明蒸汽矿山机车(图 2.7)。

1884 年,俄国海军军官亚历山大·费得洛维奇·莫扎依斯基(Александр Федорович Можайский,1825—1890)设计的蒸汽动力飞机(图 2.8),在沿斜坡下滑中,离开地面飘飞 20 ~ 30 米后,机翼触地,试飞告终。

1890 年,法国电气工程师克莱芒·阿代尔(Clement Ader,1841—1925)根据蝙蝠形态和飞行方式设计的蝙蝠式蒸汽飞机(图

(a) 蒸汽轮船

(b) 蒸汽矿山机车

图 2.7　蒸汽轮船和蒸汽矿山机车

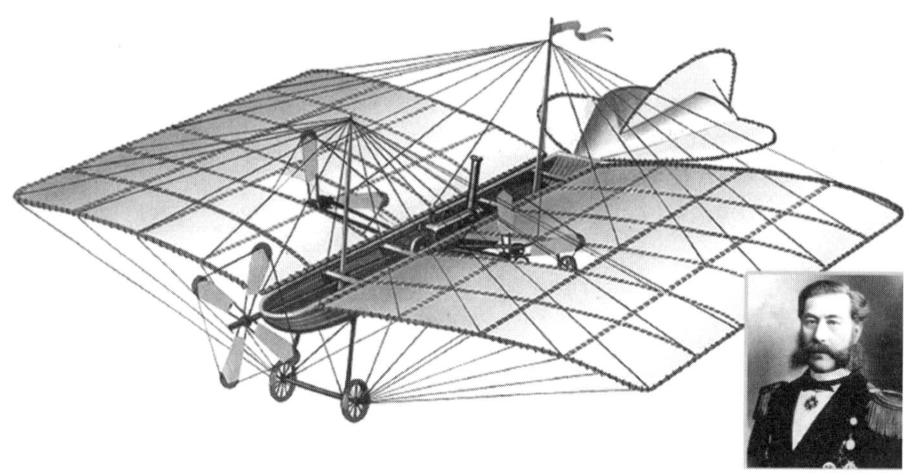

图 2.8　亚历山大·费得洛维奇·莫扎依斯基设计的蒸汽动力飞机

2.9)在平地滑跑中,跳跃离地 1~2 米。此后的试飞没能取得进一步的成功。尽管航空学界曾有人写书,对鸭子(莱特兄弟的飞机)和蝙蝠(阿代尔的飞机)谁先飞上了天提出质疑,但航空实践证明:以笨重的蒸汽机为动力装置的飞机,是不可能持续飞行的。

图 2.9 克莱芒·阿代尔及其制造的蝙蝠式蒸汽飞机

2.3 航空发动机的诞生

2.3.1 内燃机

外燃机易于制造,但存在机体大和做工效率低等问题,人们为此一直在搜索新的动力,直到 1860 年,居住在法国的比利时发明家埃迪恩·乐努尔(Etienne Lenoir,1822—1900)研制成功以煤气为燃料的二冲程内燃机(图 2.10)。这种发动机的工作原理是:让煤气与空气混合后,在汽缸内点燃、爆发,推动活塞往复运动,再带动连杆和曲轴运动做功。它的燃料燃烧过程是在汽缸内部进行的,所以属于内

燃机,也被称为活塞式发动机。

图 2.10　埃迪恩·乐努尔和他发明的二冲程内燃机

2.3.2　内燃机的应用

1862 年,乐努尔利用自己设计的发动机制造了原始的汽车,并驾着它在 2 ~3 小时内,行驶了 10 千米。

1861 年,德国工程师尼古劳斯·奥盖斯特·奥托(Nikolaus August Otto,1832—1891)研制成功世界的第一台四冲程压缩式内燃机,但未能取得实用。1864 年,他与约根·兰根(Eugen Langen,1833—1895)合作制造了改进的发动机,并在 1867 年的巴黎博览会上获得金质奖章。1877 年,奥托和兰根为他们的发动机申请专利时,就标榜它是“寂静发动机”(图 2.11)。1883 年,德国工程师戴姆勒研制出实用型汽油内燃机,制造出世界上最早的摩托车(图 2.12)。1885 年,德国机械工程师卡尔·本茨研制出世界上第一台三轮汽车,并于 1893 年制造出第一辆奔驰四轮汽车(图 2.13)。

小故事:

法国工程师博·德·罗夏(Alphonse Beaude Rochas,1815—

图2.11 德国工程师奥托及其设计制造的四冲程内燃机

图2.12 德国工程师戴姆勒研制出实用型汽油内燃机，制造出世界上最早的摩托车

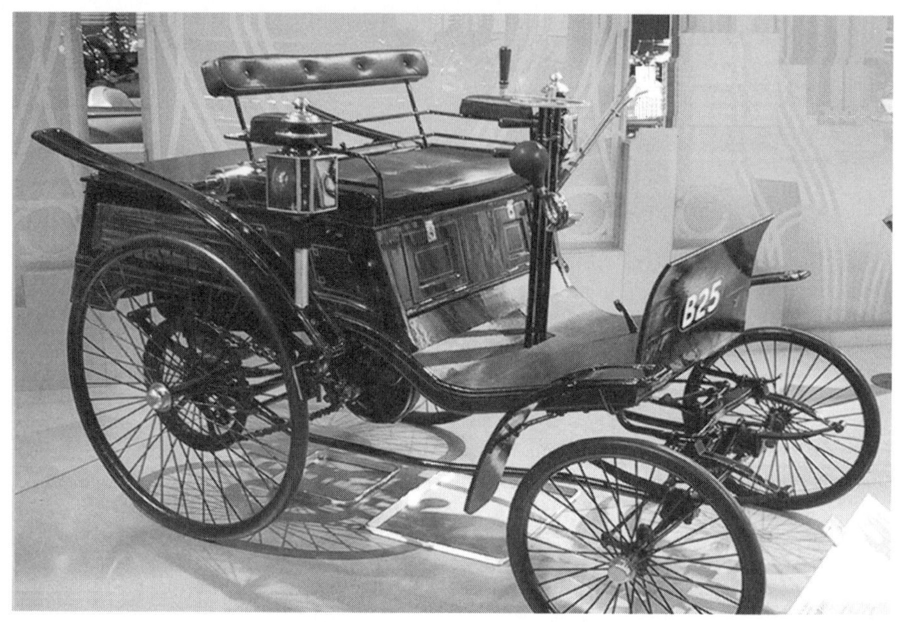

图 2.13　1885 年,德国机械工程师卡尔·本茨研制出世界上第一台三轮汽车,并于 1893 年制造出第一辆奔驰四轮汽车

1893)在二冲程内燃机原理基础上提出了四冲程内燃机的理论(图 2.14)。他的功绩是,强调燃油和空气的混合气在汽缸内点火燃烧之前,要有一个压缩的过程。罗夏虽然在 1862 年申请了专利,却没有制造样机,而且因拖欠专利费,他的专利资格也未被承认。直到 1884 年,根据威根德律师的考证,才使他的发明得以昭示。

在 1867 年的博览会上得知了奥托发动机的消息后,宽厚的罗夏并没有对四冲程内燃机的发明权提出任何异议。法国政府在罗夏去世前两年,宣称他是四冲程内燃机的发明人,并奖给他 3000 英镑的奖金。但至今,世人仍称罗夏发明的四冲程工作原理为奥托循环。

图 2.14 1862 年法国工程师博·德·罗夏在二冲程内燃机原理基础上于提出了四冲程内燃机的理论

按照这一原理生产的发动机性能可靠、效率高、噪声低，立即得到推广。

至此，飞机发明已是水到渠成的事。适合汽车使用的发动机，经过改造也可以满足飞机升空的需要。果然，1903 年 12 月 17 日，来自美国俄亥俄州代顿的自行车制造商莱特兄弟（图 2.15）在北卡罗来纳州基蒂·霍克海岸的“斩魔山”沙丘上成功试飞了一架结构单

图 2.15　莱特兄弟

薄、样子奇特的双翼飞机——“飞行者”一号(图 2.16)。这是人类历史上第一架能够飞行,并完全可以操纵的动力飞机(图 2.17)。人们自然想了解这架飞机的发动机实际情况如何？根据莱特兄弟自己

测定的数据，他们当时使用的发动机的重量功率比是 5.079 ~ 6.772 千克/马力，恰好是在勒努尔计算的范围内。这一指标与当时准备用在飞机上的蒸汽机相比，相对重量轻了 60% ~ 70%；但与现代的活塞式航空发动机相比，却超重 10 倍以上。

图 2.16 “飞行者”一号

能够成为第一个驾驶飞机成功试飞的飞行员而载入史册，莱特兄弟最应该感谢查尔斯·泰勒（Charles Taylor）——正是他制造的高水平发动机，帮助“飞行者”一号成功征服了蓝天（图 2.18）。

注：泰勒原是美国代顿电气公司的机械师，住所离莱特兄弟的自行车商店很近。由于莱特兄弟从 1899 年开始就利用 2 架滑翔机，开展了大量有关机翼升力、阻力、翼型的试验研究。1901 年，莱特兄弟为了去基蒂·霍克试飞，特以高出原工资 1/5 的高薪聘请泰勒为他

图 2.17　纪念人类第一架飞机首次飞行成功的里程碑

图 2.18　查尔斯·泰勒制造了世界上第一台实用的航空发动机(装载于“飞行者”一号)

们经营自行车业务。1902 年冬天,莱特兄弟在为第三架滑翔机寻找合适的动力装置的过程中,竟没有一家发动机公司能提供满足设计

要求的产品。最后,还是泰勒在他们自己的车间内造出了世界第一台使用的航空发动机,这台发动机的实际表现大大超过了原定的指标。事实上,“飞行者”一号上面的大部分金属件也都出于泰勒之手。

第3章
航空发动机的分类及结构

当前,航空发动机广泛利用的能源是化学能(如通过汽油和航空煤油等物质燃烧产生),而流经航空发动机的工作介质主要是空气,因此这类航空发动机也被称为吸空气推进系统。吸空气式推进系统按其工作原理的不同,可分为活塞式发动机和喷气式发动机。

此外,火箭发动机是自带推进剂的,不需要吸入外界的空气,但由于燃烧消耗率较大,不适用于长时间工作,主要用于导弹和航天器。电能由于功率有限,目前仅适用于机体较小的无人机,还不能够广泛应用在交通运输等领域。太阳能、核能和氢能等能源在航空发动机中的利用,虽然都有广阔的前景,但目前仍处于研究和发展阶段。

航空发动机的水平是影响航空器性能的重要因素。有人把它比喻为飞机的心脏。正是由于功率重量比较高的航空发动机的问世,才使动力飞行于1903年首次取得成功,从而使人类的航空事业有了迅猛的发展。

3.1 活塞式发动机

活塞式航空发动机是依靠活塞在汽缸中的往复运动,并将燃料的化学能通过燃烧变为热能来完成热力循环的(图3.1)。它是由19世纪末汽车使用的活塞式内燃机发展而来的。它在两次世界大战中大显身手,同时也推动了航空技术的发展。进入喷气时代后,它逐渐被性能更优越的燃气涡轮发动机取代,目前主要用于轻型飞行器上。

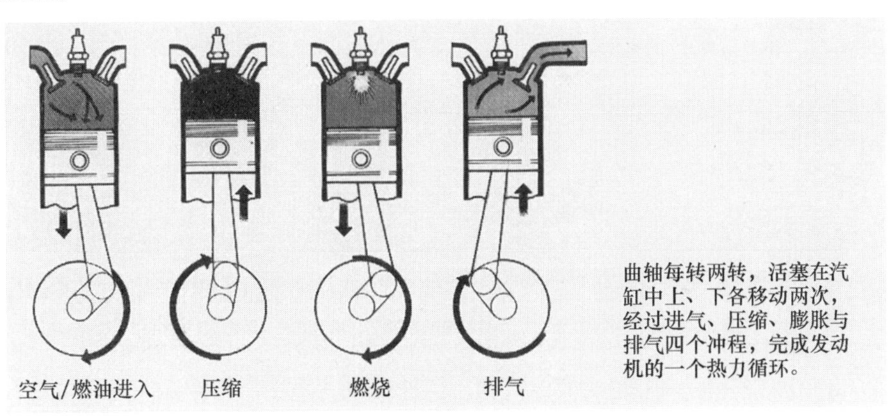

图3.1 活塞式发动机的工作原理

活塞式航空发动机只能提供轴功率,它还需要通过空气螺旋桨或旋翼才能转化为飞机的推进力和直升机的升力。因此,这类发动机和涡轮螺旋桨、涡轴和螺旋桨风扇等动力装置合称为间接反作用推进系统。

活塞式航空发动机按其汽缸排列形式可分为星形和直列形,直列形中又有V形和水平对置形等不同形式;按照燃烧后的冷却方

式,可分为气冷式和液冷式;按照供油方式,可分为汽化器式和直接注射式(图3.2)。

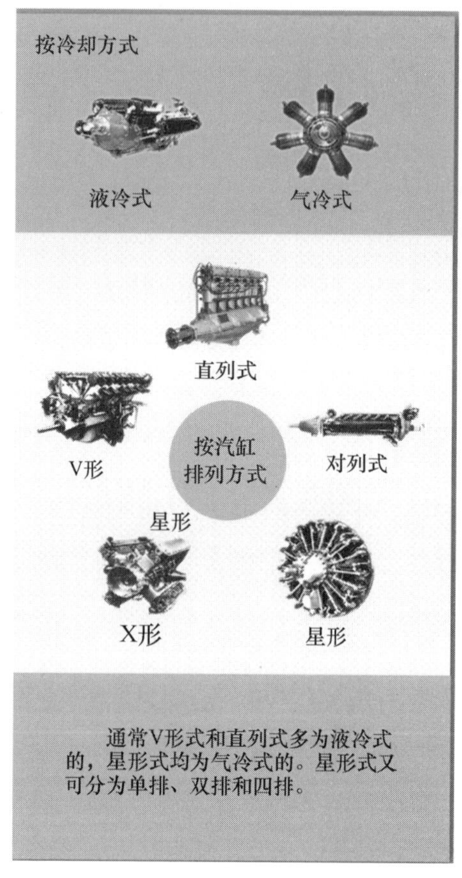

图3.2　活塞式发动机的分类

3.1.1　旋转汽缸发动机

1908年,第一台5缸的旋转汽缸发动机"诺姆"研制成功(图3.3)。早期的"诺姆"有5缸、7缸和9缸,功率为37~82千瓦。一

种装备功率为 120 千瓦的双排 14 缸“诺姆”发动机的战斗机在战前保持世界速度纪录。在 1917 年以前,“诺姆”发动机约占 80% 的航空发动机市场份额。

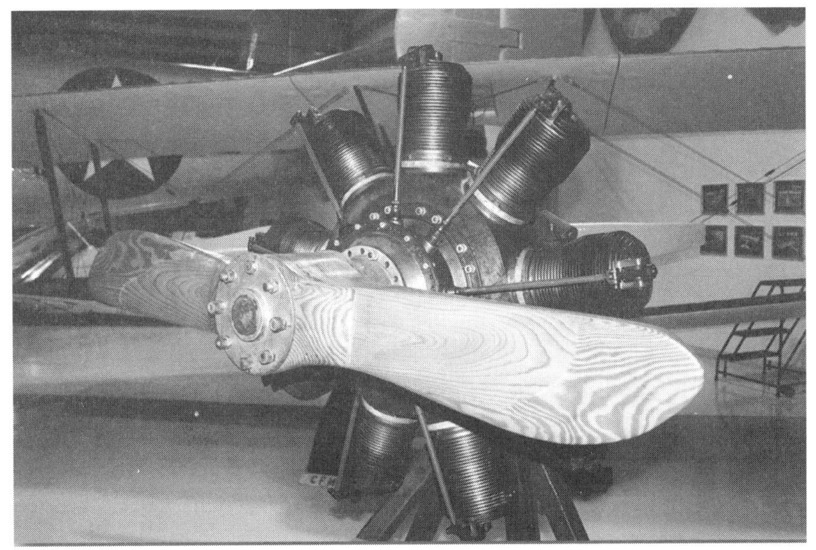

图 3.3　法国塞甘兄弟发明的“诺姆”5 缸星形旋转汽缸活塞发动机

3.1.2　利伯蒂液冷式发动机诞生

1917 年 10 月 29 日,美国早期最重要的利伯蒂液冷式发动机装在英国设计、美国制造的 D. H. 4 战斗机上首飞(图 3.4)。D. H. 4 是第一次世界大战期间在敌国领空飞行的第一种也是唯一的一种美国制造的飞机。到 1919 年停止生产时,共生产了 4846 架。

3.1.3　R－1830“孪生黄蜂”双排星形发动机问世

1931 年,普·惠公司双排星形发动机 R－1830“孪生黄蜂”问

图 3.4　美国早期最重要的利伯蒂液冷式发动机
装配于英国设计、美国制造的 D. H. 4 战斗机

世。1935 年，R－1830 发动机用于投入运行的世界上第一架能赚钱的客机 DC－3（图 3.5），R－1830 发动机共生产了 173618 台，是历史上生产最多的发动机之一。

3.1.4　梅林液冷 V 形发动机

1935 年 11 月，罗·罗公司的梅林液冷 V 形发动机装在“飓风”战斗机上飞行，功率达到 708 千瓦。后来，功率提高到 1491 千瓦。梅林发动机用于第二次世界大战中著名的“飓风”“喷火”“野马”战斗机（图 3.6）。

(a) R–1830发动机

(b) DC–3客机

图 3.5　R – 1830 发动机装配于世界上第一架能赚钱的客机 DC – 3

(a) 梅林液冷V形发动机

(b) “喷火”战斗机

(c) “野马”战斗机

图 3.6　罗 · 罗公司的梅林液冷 V 形发动机装配于“喷火”“野马”战斗机上

3.1.5 活塞式发动机的优缺点

活塞式发动机结构相对简单，而且耗油率低，能很好地满足当时低速飞行的要求，但无法为飞机在高速飞行时提供足够的推力（图3.7）。

图3.7 第二次世界大战期间的飞机

3.2 喷气式发动机

喷气式发动机（图3.8）可以分为有压气机的发动机（也被称为

燃气涡轮发动机)(图3.9)和无压气机的发动机(冲压发动机)(图3.10)。有压气机类发动机的工作原理是:空气从进气口进入发动机后,在压气机中被压缩,在进入燃烧室与喷入的燃油混合并点火燃烧,生成高温、高压的燃气。燃气在膨胀过程中驱动涡轮高速旋转,将部分能量转变为涡轮功。涡轮又带动压气机继续吸入空气并压缩,使发动机连续工作。由压气机、燃烧室和涡轮组成燃气发生器,输出一定可用作动力能量的燃烧气体。

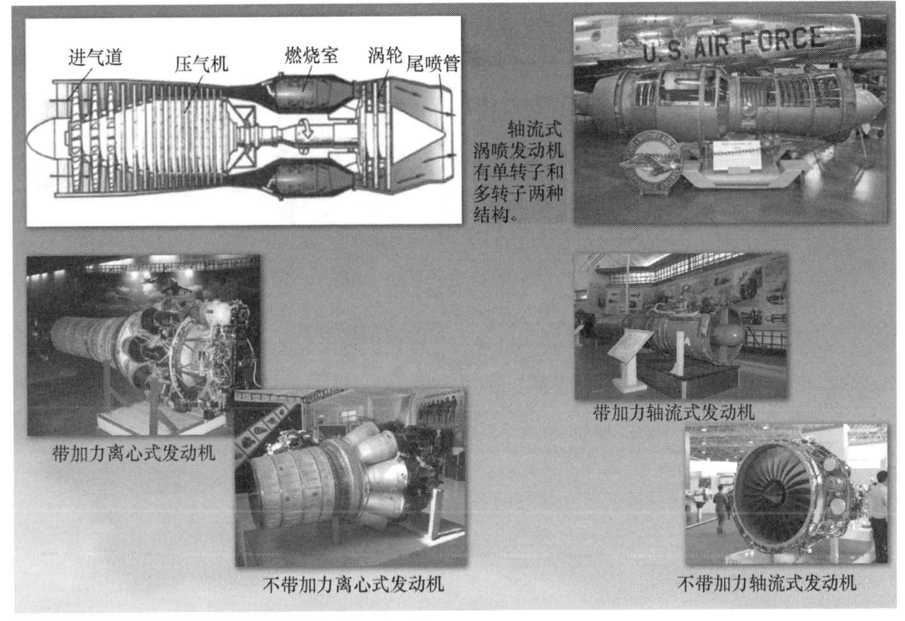

图3.8　涡轮喷气发动机的分类

3.2.1　喷气式发动机的诞生

早在20世纪20年代,英国、德国、美国、苏联等国都分别提出了燃气涡轮喷气式发动机的方案,最终英国空军飞行员费兰克·惠特

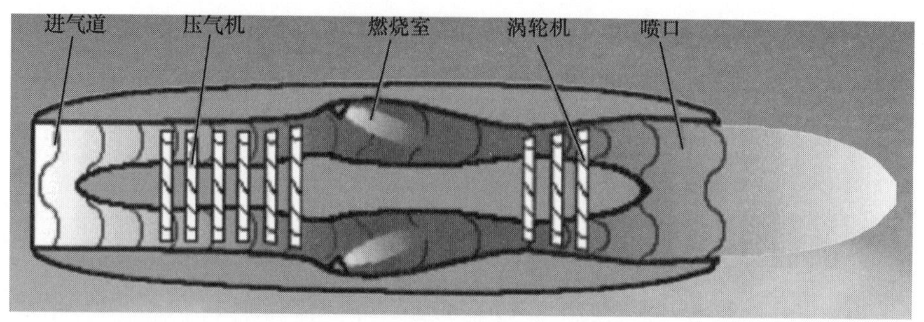

图 3.9 涡轮喷气发动机的工作原理

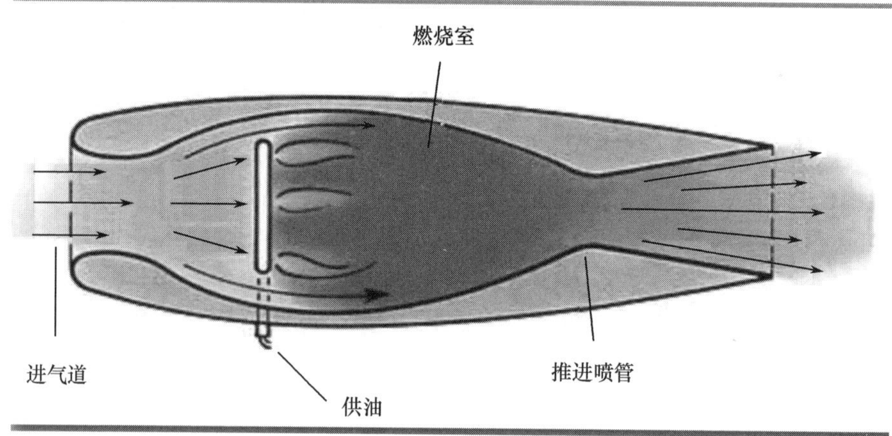

图 3.10 法国工程师雷恩·洛兰发明的冲压发动机原理图

尔(Frank Whittle)于 1930 年 1 月 16 日获得了飞机喷气动力机械专利(图 3.11),并于 1937 年 4 月 12 日试验成功了世界首台离心式涡轮喷气发动机(图 3.12)。装有惠特尔喷气发动机的 E38/39 试验机于 1941 年 5 月 15 日首次试飞(图 3.12)。德国人汉斯·冯·奥海因(Hans Von Ohain)虽然未获得飞机喷气动力机械专利,但却让德国成为第一个拥有喷气式飞机的国家。冯·奥海因于 1936 年设计了德国的第一台喷气发动机,1938 年 10 月进行了试验。1939 年 8

月 27 日,装有这种发动机的 He. 178 试验机首次试飞成功,成为世界上第一架试飞成功的喷气式飞机(图 3. 13)。

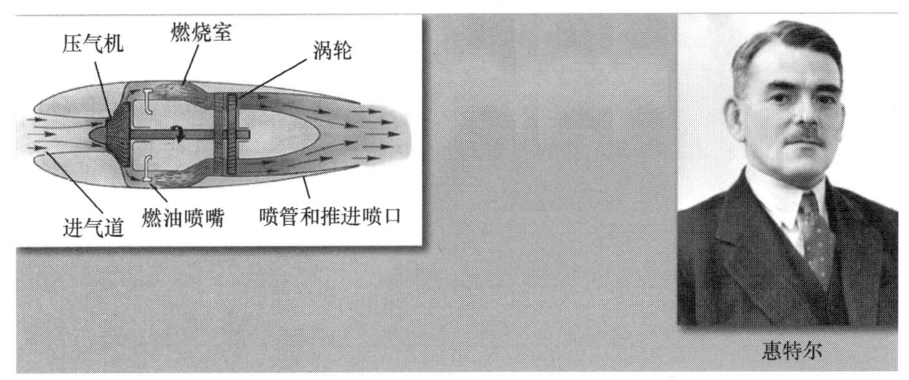

图 3. 11 惠特尔设计的喷气发动机示意图

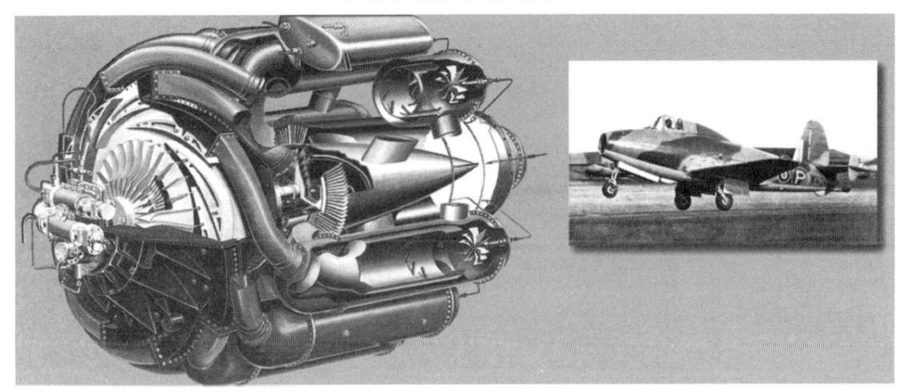

图 3. 12 惠特尔研制成功离心式涡轮喷气发动机 WU

说起涡轮喷气发动机,必须说起一件非常有趣且十分巧合的事情:在第二次世界大战期间,分别属于两个敌对阵营国家的两位青年,各自独立完成了内容相同的发明。这两位青年一个是英国费兰克 · 惠特尔,另一个是德国的汉斯 · 冯 · 奥海因。

费兰克 · 惠特尔生于 1907 年 6 月 1 日,英国考文垂市人。少年

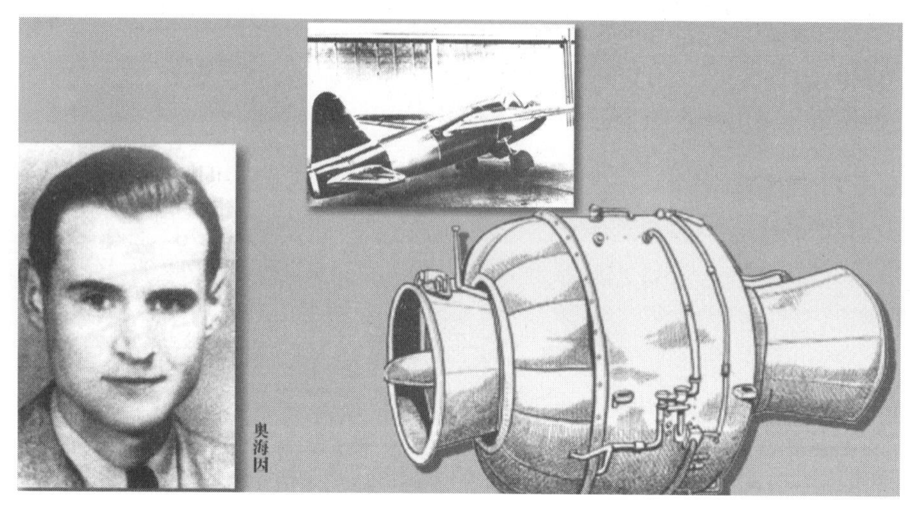

图 3.13　德国人奥海因设计的 HeS3B 涡喷发动机装在 He.178 飞机上首飞成功

时就对航空产生浓厚兴趣。16 岁时考入英国皇家空军见习学校，苦学三年，毕业时名列第 7。学校选送前 6 名优秀学生去克伦威尔皇家空军飞行学校学习，恰好第 6 名因视力不合格，使他得以替补。这所飞行学校不仅教授飞机驾驶技术，而且还开设有不少航空技术和基础理论方面的课程，惠特尔在此受到了很好的、全面的航空教育。他善于独立思考，他预见到活塞式发动机的局限性和螺旋桨在高速飞行中无法克服的缺点，因此在毕业时写出了一篇论文，文中提出了新型的涡轮气推进原理。他的非凡才能令同伴刮目相看，其独特见解更让学校师长交口赞誉。从皇家空军飞行学校毕业后，他取得了少尉军衔，被分配到中央飞行学校任训练教管。他在工作之余继续从事新的航空动力研究，他设计出一台燃气涡轮发动机的原理样机，并提供了相应的设计报告。中央飞行学校的校长很赏识这个英才，

重视他的设计，把他的设计交到了英国航空部门。后来，他的设计转到了英国皇家航空研究院发动机部的格力斯博士手中，格力斯博士当时也在致力于燃气涡轮发动机的研究。开始时他对惠特尔的设计很感兴趣，但当他发现惠特尔的设计有几个计算错误时就持否定态度了。随后英国军方对惠特尔设计的实用性也没有寄予太高的期望了。1930 年 1 月 16 日，惠特尔向英国专利局申请专利，由于军方不感兴趣，该专利没入保密项目，两年后即予公开发表。在这段时间里他曾多次寻求厂商支持，都遭到婉言谢绝，谁也不愿意支持这种风险很大的新发动机。惠特尔非常沮丧，他本人甚至开始怀疑自己的思想是否太超前了。因此，他很快把精力转到其他方面，涡轮喷气发动机的研制就这样被搁置在一边，一晃就是几年。

1934 年，惠特尔被送入剑桥大学学习机械工程。惠特尔抓住这个机会刻苦学习，他以惊人的毅力仅用两年时间就完成了大学的全部课程，提前毕业并因成绩优异获得剑桥大学一等荣誉奖。惠特尔在剑桥上大学期间又一次向他的导师提出了涡轮喷气发动机的设想，获得了导师的认可。1935 年，他在朋友们的帮助下开始筹集研制涡轮喷气发动机的资金，终于获得一家银行的支持，同意给予支助。1936 年 3 月，专门研制惠特尔设计的发动机的喷气动力公司正式成立，注册资金 10000 英镑，外加现金 20000 英镑，惠特尔任名誉主任工程师。这时军方仍不支持，不仅不给资助，还限制他在喷气动力公司的工作时间，每周不得超过 6 小时。好在剑桥大学的老师说服空军教育部，同意他留校当研究生。这样，他才有充裕的时间研究和设计新发动机。

1935 年底，惠特尔开始第一台名为 WU 的试验机技术设计，试验机的组成为：一台双面进气单级离心式压气机，其直径为 480 毫米；涡轮则为单级轴流式，其直径为 420 毫米；单管燃烧室。飞行速度为 805 千米/小时，设计推力为 8800 牛。1937 年 4 月 12 日，WU 试验机首次试车，这一天被视为燃气涡轮发动机的诞生日。不过这不是一台成功的发动机，并且在没有达到设计目标时即严重损坏。然而，首台发动机的运转终于赢得了军方的支持，这是惠特尔最大的收获。他决心修改设计并制造第二台试验机，这台试验机也不顺利，又一次遭到损坏。惠特尔再次做重大改进，直到 1938 年 10 月，第三台发动机终于能在转速为 16500 转/分钟下持续运行 22 分钟，推力也达到 5300 牛。这是一次了不起的成功，使人们看到了黎明的曙光。1939 年 6 月，空军首脑视察了喷气动力公司。这时第二次世界大战全面爆发已迫在眉睫，迫切需要性能优良的喷气式发动机，因此军方很快决定与惠特尔签订试飞用发动机的研制合同并定名为 W1 发动机。此时喷气动力公司的资金、设备与加工条件得到了根本改善。

不久，空军又决定研制双发喷气式战斗机，发动机定名为 W2。又经过将近两年的艰苦努力，惠特尔设计的涡轮喷气式发动机 W1B 终于装在英国罗斯特公司代号为 E28/39 的单发飞机上。这是英国的第一架喷气式飞机。1941 年 5 月 15 日傍晚，由首席试飞员萨伊尔驾驶，在布克沃斯机场升空进行首飞。惠特尔经过 11 年的艰苦卓绝的努力终于取得了成功。不过这时德国人冯·奥海因设计的涡轮喷气发动机早在一年前即升入空中，成为人类历史上第一个试飞的涡轮喷气发动机。其实，在 E28/39 升空后，惠特尔的坎坷之路还未到尽头，甚至专门为首相丘吉尔表演的飞行都不让他参加，他的喷气

动力公司战后即被归并为国家所有,他的专利权也随之丧失,最终惠特尔大病一场,辞职而去。

冯·奥海因走的路要比惠特尔平坦得多。他生于 1911 年,比惠特尔小 4 岁。1933 年,他在著名的哥廷根大学读书时,即开始探索涡轮喷气推进的方案。1934 年,他设计的基本方案与惠特尔大同小异。非常巧合,不仅推力等级大体相同,而且基本结构也大体相同,采用的同样是双面离心式压气机(增压比为 3:1),但涡轮则是向心涡轮;燃烧室却很不一样,他一开始用的就是环形燃烧室;他的涡轮喷气发动机的设计飞行速度也是 805 千米/小时。后来他在好朋友,一位很有才能的汽车修理机械师姆·哈恩(M. Hshn)的帮助下,借用哈恩的汽车修理设备,采用边设计、边加工、边修改的办法试制出一台试验机样机,仅花费 1000 马克。这在当时真是一个奇迹!

冯·奥海因在哥廷根大学做毕业论文时,他拿出涡轮喷气发动机试验样机方案请求导师波尔(W. Pohl)教授指导。当时不要说奥海因的毕业论文,就是整个哥廷根大学,也没有与涡轮喷气发动机相关的研制项目。但是波尔教授非常热情,给予热心指导,同时还让他利用学校设备进行试验研究。在试验中遇到的最大问题是燃烧,这与惠特尔遇到的问题相同。要解决这个问题必须要有投资,他作为学生是解决不了的,奥海因为之情绪低落。波尔教授却恳切地指出:该方案基本正确,涡轮喷气发动机有着广阔的天地和发展潜力,只要坚持下去,问题总是可以解决的。作为导师,他还亲自与工业部门联系寻求合作,获取社会的支持。在波尔教授的推动下,奥海因终于见到了亨克尔飞机公司的总经理恩斯特·亨克尔。亨克尔对高速飞机有着浓厚的兴趣，两人一拍即合。随后亨克尔安排他与该公司的工程师们讨论涡轮喷气式飞机的可行性并签订了研制合同。研制合同的生效期为1936年4月15日，仅比英国喷气动力公司成立晚一个月。亨克尔素有抱负，他既不愿意军方插手，更不愿别的公司抢先，他要求自己的公司独立研制出第一架喷气式飞机。因此他采取了保密措施，同时他要求奥海因直接研制试飞用发动机，为此，奥海因选择一系列的大胆果断且非常明智的研制方法。其中一项关键之举是他的第一台台架工程试验机采用了混合氧气燃烧的办法，一举取得成功。这是1937年9月，这台发动机代号为HeSl，台架试车完全达到了预期目标，尽管推力仅1650牛。随后他又做了一系列改进，研制试飞发动机，代号为HeS3。仅过了几个月，新发动机就试制出来了，试车推力达4000牛，推重比达31.12。1939年春，配套试飞用的飞机和发动机制造完成，飞机代号为He－178，发动机为HeS3B，推力为4900牛。1939年8月27日，在第二次世界大战全面爆发前一个星期，He－178由著名试飞员瓦西茨驾驶首次升空。这是世界上第一架由燃气涡轮发动机推进的喷气式飞机，宣告人类进入了喷气时代。奥海因仅用3年时间，比惠特尔提前1年9个月进入了试飞。他的成功是值得深思的，特别是他的研制思路值得后人学习。第二次世界大战结束后，奥海因被美国海军收容，后来转入美国空军，进入莱特－帕特森喷气推进实验室工作，1951年加入美国国籍。惠特尔晚年也在美国定居，两位古稀老人成了好朋友。1991年两人共同获得查尔斯·斯塔克·德雷珀奖，该奖项被誉为工程师技术界的诺贝尔奖（图3.14）。5年后，惠特尔病故，享年89岁。

图 3.14　1991 年，惠特尔和奥海因两人共同获得查尔斯·斯塔克·德雷珀奖

3.2.2　喷气式发动机的广泛应用

燃气涡轮喷气式发动机与活塞式发动机相比，具有重量轻、高度和速度特性好等优点，在第二次世界大战之后，使飞机性能取得了大的飞跃。无论是惠特尔还是奥海因，他们两人发明的第一台涡轮喷气发动机以及装备该发动机的飞机都只是试验机，都没有投入实战。但是他们俩却给人类带来了喷气时代，对人类的贡献是无与伦比的。在亨克尔公司的 He－178 试飞成功以后，德国空军派代表参观了飞行表演并完全相信这种新型发动机具有活塞式发动机难以匹敌的良

好性能。随后德国政府做出决定:指令容克斯公司、巴伐利亚公司、布拉莫公司以及戴姆勒-奔驰签订合同,政府予以财政支持,研制新型涡轮喷气发动机。自1939年起,德国的几家主要航空发动机厂全都在这个领域里行动起来,开展了竞争。亨克尔公司当即以HeS3为基础,研制配装He-280双发轰炸机的HeS8发动机。另外,又着手研制带轴流式压气机的HeS40涡轮喷气发动机,该发动机于1942年春开始台架试车,推力约8400牛,推重比达2.2。这不仅在当时的德国,乃至世界上是性能最好的发动机,该公司还研制了其他8种有实用价值的发动机。根据业务需要,该公司与黑尔特发动机公司合并,并着手研制推力更大的HeS0011发动机。其设计推力达15700牛。不过尽管做了许多研制工作,直到第二次世界大战结束,这种发动机也未进入批量生产。巴伐利亚和布拉莫两家公司合并放弃了离心式发动机的研制,集中力量研制轴流式发动机,在奥斯特里希博士主持下先后设计和研究过十多种不同的涡轮喷气发动机,其中最成功的是BMW003和BMW018。前者是该公司唯一投入批生产的涡喷发动机,采用7级压气机、环形燃烧室加单级涡轮,其涡轮导向器和工作叶片全都采用了气冷式空心叶片,喷管的出口面积采用移动尾锥进行调节,推力为7900牛,推重比为1.31,耗油率为1.22千克/(千牛·小时),该机于1944年交付空军使用。BMW018是一台有着17级轴流式气压机的大型发动机,设计推力为29400牛,可是直到第二次世界大战结束也未装机服役。

第二次世界大战结束后,法国借助于BMW003发动机及其设计人员,于1945年10月研制成阿塔101V,其推力为16700牛,推重比为1.93,随后发展出自己的阿塔系列涡喷发动机。

日本通过与德国的结盟关系，在第二次世界大战期间得到了涡喷发动机的资料，在 1945 年 8 月投降前夕，研制出 Ne20 涡喷发动机。

意大利菲娅特公司于第二次世界大战结束后几年研制出 4002 型涡轮喷气发动机，推力 2490 牛，耗油率为 1.25 千克/(千牛·小时)，重 100 千克，直径 0.6 米，长 1.17 米，采用离心式气压机，环形燃烧室(图 3.15)和轴流式涡轮。

容克斯公司的尤莫－004(Jum－004)是世界上首台轴流式发动机，由郎茨负责设计。郎茨是位非常务实的设计师，在没有任何实践经验，仅有几份资料的情况下，开始了研制工作。他实事求是，量力而行，广泛采用冷却技术，使得主要受热零件都可采用普通钢材制造。1940 年 11 月，尤莫－004 发动机开始台架试验，3 个月后在推力 4200 牛时发生了喘振，调整了压气机静子叶片安装角后，于 1941 年 12 月推力达到 9800 牛，并且能连续平稳工作 10 小时以上。1942 年 7 月 18 日，尤莫－004 装于梅塞施米特的 Me－262 飞机试飞成功(图 3.16)。改型发动机 1944 年开始服役时标准推力为 8100 牛。尤莫－004 是德国第一种大批量生产的涡轮喷气发动机，共生产 6000 台，装备 1249 架 Me－262 战斗机和 214 架 AR 轰炸机，曾给盟军以很大威胁。

第二次世界大战结束后，苏联不仅缴获了大量库存的尤莫－004 和 BMW003 发动机及生产图样，而且俘虏了许多设计人员。苏联决定利用这两种型号的涡轮喷气发动机以最快的速度仿制。前者命为 RD－10，交由库兹涅佐夫设计局防制；后者命名为 RD－20，交由柯里索夫设计局仿制。一年后，RD－10 即装于单发教练机雅克－15

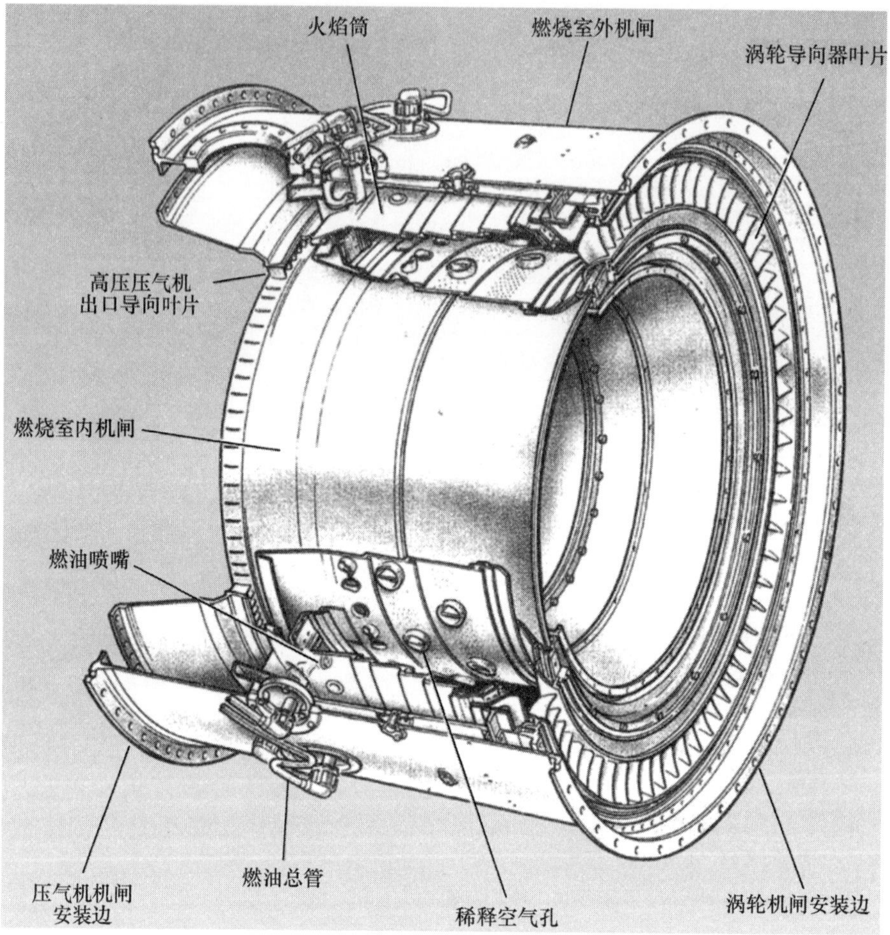

图 3.15　环形燃烧室

上,RD－20 则装于双发战斗机米格－9 上。它们成为苏联第一代涡轮喷气式飞机,1947 年“五一”劳动节,首次飞行通过红场,接受斯大林的检阅。这两型发动机尽管在速度和高度特性上比活塞式发动机优越,然而毕竟是早期的轴流式喷气发动机,使用中暴露出很多缺点,很快被淘汰。但是这两型轴流式压气机的使用经验以及其他由

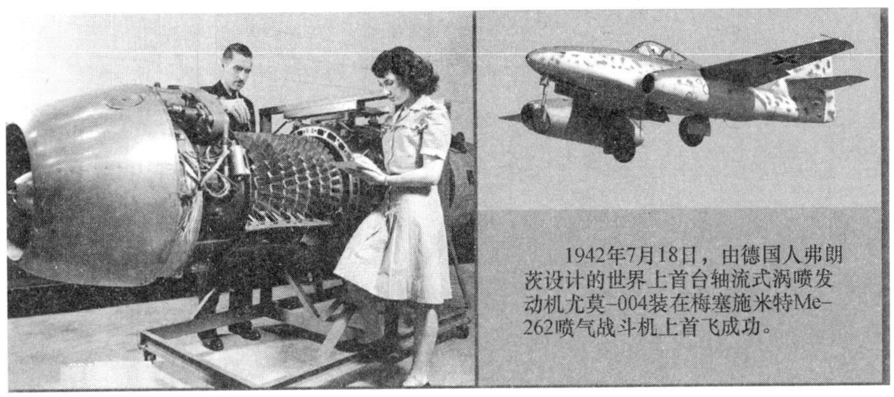

图3.16 尤莫-004发动机与Me-262飞机

德国缴获的轴流式压气机，都成了苏联自行研制新型轴流式发动机的基础。例如，RD-3M发动机即借鉴了BMW018发动机技术。德国人在轴流式涡喷发动机上的先期工作和所做的贡献是显而易见的。

回过头来再说英国。自从惠特尔的W1B发动机装在E28/39飞机上升空后，惠特尔的离心式发动机被普遍看好。这时英国空军已充分认识到研制供高速飞行用的喷气动力的紧迫性，想借此应对德国飞航式导弹的空袭。因此，对喷气动力公司非常重视，决定把另外三家公司合并过去。同时政府动员大批科学家和工程师与材料生产部门合作研制耐高温材料，以满足涡轮叶片制造之需。1942年9月，采用新材料涡轮叶片的W2-1500发动机顺利通过100小时验收试车。英国军方很是满意，要求每月生产100台。战争的形势迫使英国政府要求国内最大的发动机制造厂罗·罗公司接管惠特尔型发动机的生产。其实早在1938年罗·罗公司即组建了燃气涡轮发展部。1940年该公司总经理海夫斯就带领胡克公司等人到喷气动力公司参观,1941 年达比建立试验分部后曾利用其设备帮助惠特尔做过试验,解决了 W2 发动机的压气机喘振问题。自接管喷气动力公司以后,罗·罗公司专门为惠特尔发动机开展了大量的基础理论研究并且做了多项改进。1943 年 4 月,罗·罗公司推出第一个产品——威兰德离心式发动机(图 3.17),其推力为 7550 牛,推重比达 2.0,很快通过了 100 小时定性试车,当年即投入生产,装备在“流星”式双发战斗机上,1944 年 5 月交给英国空军服役,这是第二次世界大战中盟国唯一参战的喷气式战斗机,该机曾在英吉利海峡上空多次成功拦截 V-1 飞航式导弹。1946 年,装有 W2-700 发动机的“流星”Ⅳ曾创造了时速达 957 千米/小时的世界纪录。罗·罗公司随后又在威兰德的基础上发展德温特发动机,尼恩发动机则为其放大型,推力达到 22500 牛,这是当时离心式发动机的最高水平。

第二次世界大战结束后,英国通过贸易以专利形式把这两型离心式发动机的图样卖给了苏联,同时卖给苏联的还有 25 台尼恩发动机和 30 台德温特发动机实物。苏联政府把尼恩发动机交给了克里莫夫设计局,定名为 RD-45;将德温特发动机交给了米库林设计局,定名为 RD-500。仅经过一年多时间,两型发动机及时顺利仿制成功并转入批量生产,RD-500 装于雅克-23 单发教练机和拉-15 靶机上,RD-45 装在米格-15(单发)战斗机和伊尔-28 双发前线轰炸机上。其中米格-15 于 1947 年 12 月 30 日完成首次试飞,1948 年即交付空军服役。由于发动机性能优良,推力大,加上飞机的气动性能好,使米格-15 成了优秀的亚声速战斗机。接着苏联又对 RD-45做了改进,改进后的发动机推力达 26500 牛,定名为 VK-1A。后来又发展成带加力的 VK-1F 发动机,推力达 33120 牛,装于

图3.17　威兰德离心式发动机，装配于第二次世界大战中盟国唯一参战的喷气式战斗机——“流星”战斗机

米格－17上，1951年首飞成功，米格－17在俯冲时可跨过声速，飞行马赫数为1.14。其实，苏联早在1939年就由留里卡等青年工程师开始燃气涡轮喷气发动机的研制工作，1941年4月22日即取得了设计外涵（涡扇）发动机的专利。由于列宁格勒被包围，研制工作严重受阻，因此直到战后的1947年5月才制成涡喷发动机TL－1，装于苏－11和伊留申设计局设计的飞机上进行试飞。TL－1的推力达13320牛。由于既有自己的研制，又接受了英国、德国等国在燃气涡轮发动机上的成熟技术，因此战后不久苏联即独立发展多个型号燃气涡轮发动机，如首台用于超声速的轴流发动机RD－9B和用于2倍声速的R－11F－300等。苏联很快进入了燃气涡轮发动机的先进国家行列。

英国不仅把尼恩和德温特发动机卖给了苏联,还卖出口给澳大利亚和美国等许多国家。美国政府把尼恩发动机的图样给了普·惠公司,仿制后定名为J42,装于海军战斗机F9F-3上,该机也参加了朝鲜战争。英国的另一家发动机厂德·哈维兰公司还研制出离心式发动机布林及其放大型勾斯特。这两型发动机曾被加拿大和澳大利亚等国引进仿制。除此以外,英国在第二次世界大战结束时研制成轴流式压气机发动机,后来发展成埃汶发动机(图3.18),装于"蚊"式战斗机上。这是英国战后第一种大批量生产的发动机。

埃汶涡轮喷气发动机

埃汶300系列用于军用飞机

"彗星"飞机

图3.18　埃汶发动机

美国是世界上的航空强国,早在20世纪20年代美国就有人研究过喷气发动机,但都失败了。因此,在30年代初美国航空质询委员会(NACA)对喷气发动机做过否定结论,认为"简单反作用式喷气发动机在现时所能预料的飞行速度范围内,无论从哪个方面都不能

同活塞式发动机相比拟”。由于判断失误，直到 1941 年美国得到了英国和德国都在研制涡轮喷气发动机的确切情报，才决定重新起步，这时已比英国和德国晚了 5 年。1941 年 3 月，NACA 专门成立喷气推力进委员会，由其代表政府协调喷气发动机的研制工作。1941 年 5 月英国的 E28/39 试飞成功后美国专门派出了一个以陆军航空兵总参谋长阿诺德将军为首的规格很高的航空考察代表团到英国参观。美国代表团不仅与英国签订了仿制惠特尔离心式发动机的合同，取得了 W2B 的图样，而且还要了一台 W1 的实物样机。同时还邀请工程小组进行了技术质询。美国的仿制工作交由 GE 公司负责。在 1941 年 10 月实物样机运到美国后，仅用了 28 周，该公司就把发动机仿制成功，上台架试车，并定名为 I－A。1942 年 10 月 2 日，I－A 离心式发动机装在贝尔 XP－59A 双发试验机上进行首飞，结果并不理想。这是美国首次装涡轮喷气发动机的动力飞行，试验机是用 P－59 螺旋桨战斗机改装的，把原来的两台活塞式发动机换成两台 I－A 发动机。试飞后，GE 公司又对发动机做了改进。改进后的发动机为 I－16，于 1943 年 4 月上台试车。试验中，发动机的推力达 7100 牛，推重比为 1.88。该发动机生产型定名为 J31，开始小批量生产，其性能已接近英国的威兰德发动机。1943 年，美国军方决定研制速度为 800 千米/小时的战斗机，要求发动机推力为 17600 牛。1944 年，GE 公司研制了改型发动机 I－40，推力已达到 17800 牛，生产型定名为 J33（图 3.19）。该发动机装在洛克希德·马丁公司的 F－80 飞机上，这是美国第一架实战用的涡轮喷气式战斗机。当时曾经创下了美国东海岸飞到西海岸仅用 4.22 小时的最快飞行纪录，这是美国在朝鲜战争中使用的第一种喷气式战斗机。1944 年

4 月,美国 GE 公司认为发展轴流式气压机更有利于飞行,于是开发了轴流式气压机的发动机,定名为 J35,其推力达 17800 牛。J35 经过两年调试终于装在 F-84 战斗轰炸机上试飞成功。第二次世界大战结束后,美国与 1946 年在 J35 的基础上同时吸收了德国轴流式压气机的设计技术和经验,开始研制新的推力为 26720 牛的 J47 轴流式发动机。J47 装在 F-86A 战斗机上,该机曾在 1948 年创造了 1073.5 千米/小时的当时世界上最快飞行纪录。20 世纪 50 年代初,J47 改装成力式轴流发动机,其代号为 J47-GE-17,装在 F-86D 上。该机曾经于 1953 年创造了 1145 千米/小时的飞行速度世界纪录。至此,原来落后 5 年的美国已经跨入了喷气动力飞行的先进国家行列。

图 3.19　解剖的 J33 涡轮喷气发动机

美国的 F-80/J33、F-84/J35 和 F-86/J47 全都参加了朝鲜战争,不过前两个机种都是以攻击为主的强击机,只有后一种是以空战

为主的战斗机。因此，在朝鲜战争中 F－86 与米格－15 成了主要的作战对手（图 3.20）。说来十分有趣，第二次世界大战期间其对双方各自发明的涡轮喷气发动机是严格保密的，可是英、德两国首飞大发动机全都是离心式发动机，在推力等级和主要参数上已基本相同。随后英国主要发展离心式发动机，德国则重点研制轴流式发动机，然而，在第二次世界大战期间没有发生过喷气式飞机的正面交锋。在第二次世界大战结束 5 年后的朝鲜战争中，安装离心式喷气发动机的米格－15 与安装轴流式喷气发动机的 F－86 粉墨登场，开创了喷气式战斗机新时代（表 3.1）。

表 3.1　涡喷发动机发展历程

<table>
<tr><th></th><th>代表发动机</th><th>配装飞机</th><th>配装对象</th><th>主要特点</th><th>国家</th><th>服役时间</th></tr>
<tr><td rowspan="4">第一代
涡喷发动机</td><td>BK－1</td><td>米格－15</td><td rowspan="4">亚声速战斗机</td><td rowspan="4">推重比 2～3，
单转子</td><td>苏联</td><td rowspan="4">20 世纪
40 年代
中后期</td></tr>
<tr><td>BK－1Φ</td><td>米格－17</td><td>苏联</td></tr>
<tr><td>J47</td><td>F－86F</td><td>美国</td></tr>
<tr><td>J65</td><td>F－84F</td><td>美国</td></tr>
<tr><td rowspan="3">第二代
涡喷发动机</td><td>РД－9Б</td><td>米格－19</td><td rowspan="3">第一代超声速
战斗机（主要）
第二代战斗机
（部分）</td><td rowspan="3">推重比 4～5，
主要是单转
子加力式
（J57 是双转子）</td><td>苏联</td><td rowspan="3">20 世纪
50 年代中期</td></tr>
<tr><td>J57</td><td>F－100</td><td>美国</td></tr>
<tr><td>J79</td><td>F－4、F－104</td><td>美国</td></tr>
<tr><td rowspan="3">第三代
涡喷发动机</td><td>P－11</td><td>米格－21</td><td rowspan="3">第二代超
声速战斗机</td><td rowspan="3">推重比 5.5～6.5，
双转子加力式</td><td>苏联</td><td rowspan="3">20 世纪
50 年代末、
60 年代初</td></tr>
<tr><td>P－13</td><td>米格－21</td><td>苏联</td></tr>
<tr><td>P－29－300</td><td>米格－23</td><td>苏联</td></tr>
</table>

3.2.3　燃气涡轮喷气发动机的优缺点

燃气涡轮喷气发动机具有加速快、设计简便等优点，是较早实用化喷气发动机类型。但如果要让涡轮发动机提高推力，则必须增加

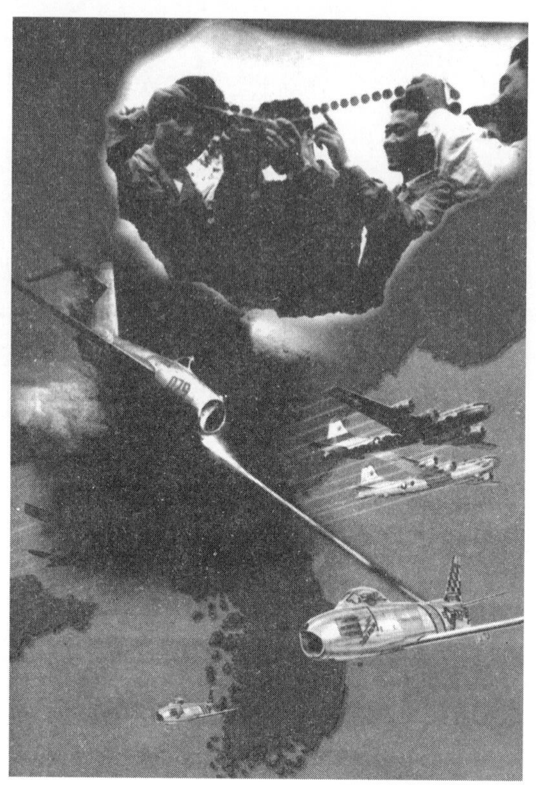

图 3.20　朝鲜战场上的米格－15 与 F－86

燃气在涡轮前的温度和增压比，这将会使排气速度增加而损失更多动能，于是产生了提高推力和降低油耗的矛盾（图 3.21）。因此涡轮

图 3.21　涡轮喷气发动机的优缺点

发动机耗油大，对于商业民航来说是个致命弱点。在涡轮喷气式发动机之后，又出现了涡轮螺旋桨、涡轴、涡轮风扇和螺旋桨风扇等动力装置。它们已成为当前航空器上应用最广泛的动力装置。

3.3　涡轮风扇发动机

3.3.1　涡轮风扇发动机的诞生

第二次世界大战后，随着时间推移、技术更新，涡轮喷气发动机显得不足以满足新型飞机的动力需求。尤其是第二次世界大战后快速发展的亚声速民航飞机和大型运输机，飞行速度要求达到高亚声速即可，耗油量要小，因此发动机效率要很高。涡轮喷气发动机的效率已无法满足这种需求，使得上述机种的航程缩短。20 世纪 30 年代初期，涡轮喷气式发动机的发明者惠特尔和轴流式涡轮发动机理论的奠基人利物浦大学的格里菲斯博士曾共同研制涡轮风扇式发动机，而且还研制过 LR.1 型样机，但未能成功。40 年代中期，格里菲斯加入了罗·罗公司，参与研制过有外罩、无外罩的涡轮风扇发动机(图 3.22)。但由于对风扇叶片设计制造的要求非常高，直到 60 年代，人们才得以制造出符合涡扇发动机要求的风扇叶片，从而揭开了涡扇发动机实用化的阶段(图 3.23)。

为降低油耗，提高航程，1959 年 2 月 20 日首次试飞的英国汉德利·佩奇“胜利者”B.2 型中程战略轰炸机上，已经装有 4 台推力为 91.14 千牛的“康威”(Conway)201 型涡轮风扇发动机。1960 年，罗·罗公司的“康威”涡轮风扇发动机(图 3.24)开始被波音 707 大型

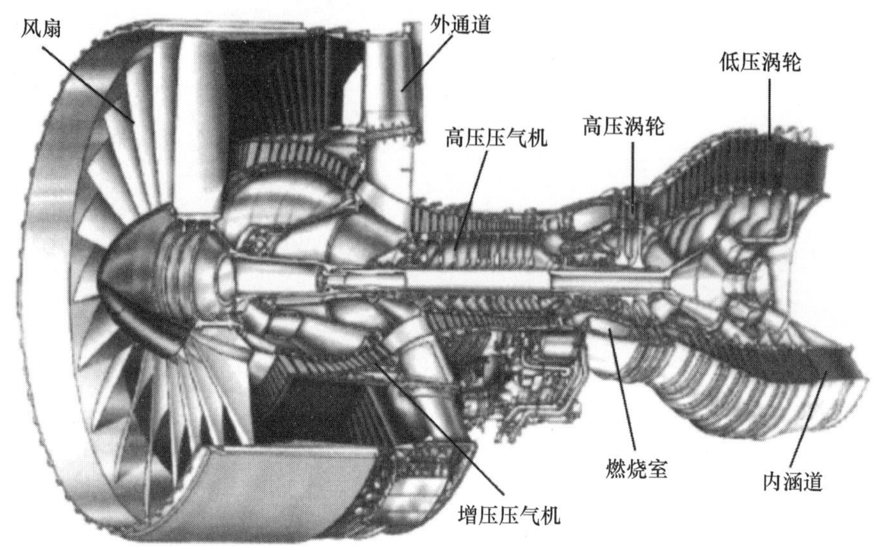

图 3.22　涡扇发动机工作原理

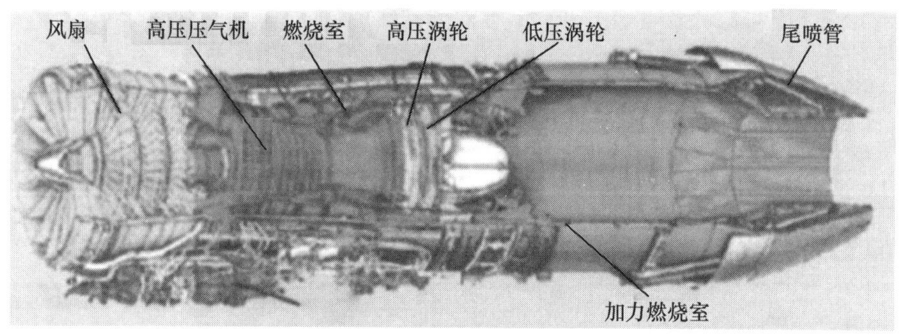

图 3.23　涡扇发动机结构简图

远程喷气客机采用，成为第一种被民航客机使用的涡扇发动机。1960 年 3 月 20 日，首次试飞成功的图 – 124 是苏联第一种涡轮风扇式民航客机（装配有 2 台推力为 52.96 千牛的 D – 20P 型涡轮风扇发动机）。

图 3.24　“康威”涡轮风扇发动机

20 世纪 60 年代投入航班的民航客机，如英国的“三叉戟”和 VC－10（图 3.25）、苏联的伊尔－62 和图－154、美国的 DC－9 和波音 727/737 等，都已安装低涵道比（外涵道比冷空气流量与内涵道通过高压系统的空气流量之比约为 0.2∶1～1∶1）的涡轮风扇发动机。

图 3.25　VC－10 飞机

20 世纪 60 年代洛克希德·马丁“三星”客机和波音 747“珍宝”客机采用了罗·罗公司的 RB211－22B 大型涡扇发动机,标志着涡扇发动机的全面成熟。此后,涡轮喷气发动机迅速被西方民用航空工业抛弃(表 3.2、图 3.26、图 3.27)。

表 3.2　涡扇发动机发展历程

<table>
<tr><th></th><th>主要特点</th><th>配装对象</th><th>国家</th><th>典型发动机</th><th>配装飞机</th><th>服役时间</th></tr>
<tr><td rowspan="3">第一代
涡扇发动机</td><td rowspan="3">推重比 5～6</td><td rowspan="3">第二代
超声速
战斗机</td><td>美国</td><td>TF30</td><td>F－111、F－14</td><td rowspan="3">20 世纪
60 年代末、
70 年代初</td></tr>
<tr><td>英国</td><td>斯贝 MK202</td><td>F－4K、F－4M</td></tr>
<tr><td>瑞典</td><td>RM8</td><td>Saab－37</td></tr>
<tr><td rowspan="6">第二代
涡扇发动机</td><td rowspan="6">推重比
7.8～8.0</td><td rowspan="6">第三代
超声速
战斗机</td><td>美国</td><td>F100</td><td>F－15、F－16</td><td rowspan="6">20 世纪
70 年代中后期、
80 年代初</td></tr>
<tr><td>美国</td><td>F404</td><td>F－18</td></tr>
<tr><td>英德意</td><td>RB199</td><td>“狂风”</td></tr>
<tr><td>法国</td><td>M53－P2</td><td>“幼影”2000</td></tr>
<tr><td>俄罗斯</td><td>РД－33</td><td>米格－29</td></tr>
<tr><td>俄罗斯</td><td>АД－31Ф</td><td>苏－27、
苏－30</td></tr>
<tr><td rowspan="3">第三代
涡扇发动机</td><td rowspan="3">推重比
9.5～10</td><td rowspan="3">第一代
超声速
战斗机</td><td>美国</td><td>F119</td><td>F－22</td><td rowspan="3">20 世纪
90 年代</td></tr>
<tr><td>法国</td><td>M88－2</td><td>“阵风”</td></tr>
<tr><td>英德意西</td><td>EJ200</td><td>EF2000</td></tr>
</table>

图 3.26　使用 F404 发动机的 F－18E 战斗机

(a) EJ200涡扇发动机

(b) 正在试车的F119涡扇发动机

图 3. 27　第三代涡扇发动机典型代表

3.3.2　涡轮风扇喷气发动机的工作原理

要提高喷气发动机的效率，首先要了解什么是发动机的效率。发动机的效率包括热效率和推进效率两个部分。提高燃气在涡轮前的温度和压气机的增压比，就可以提高热效率。因为高温、高密度的气体包含的能量要大。但是，在飞行速度不变的条件，提高涡轮前温度，自然会使排气速度加大。而流速快的气体在排出时动能损失大。

因此,片面地增加热功率,即加大涡轮前温度,会导致推进效率的下降。要全面提高发动机效率,必须解决热效率和推进效率这一对矛盾。涡轮风扇发动机的优点,就在于既提高涡轮前温度,又不增加排气速度。涡扇发动机的结构,实际上就是涡轮喷气发动机的前方再增加了几级涡轮,这些涡轮带动一定数量的风扇。风扇吸入的气流一部分如普通喷气发动机一样,送进压气机(内涵道),另一部分则直接从涡喷发动机的壳外围向外排出(外涵道)(图 3.28)。因此,涡轮发动机的燃气能量被分派到了风扇和燃烧室分别产生的两种排气气流上。这时,为提高热效率而提高涡轮前温度,可以通过适当的涡轮结构和增大风扇直径,使更多的燃气能量经风扇转递到外涵道,从而避免大幅度增加排气速度。这样热效率和推进取得了平衡,发

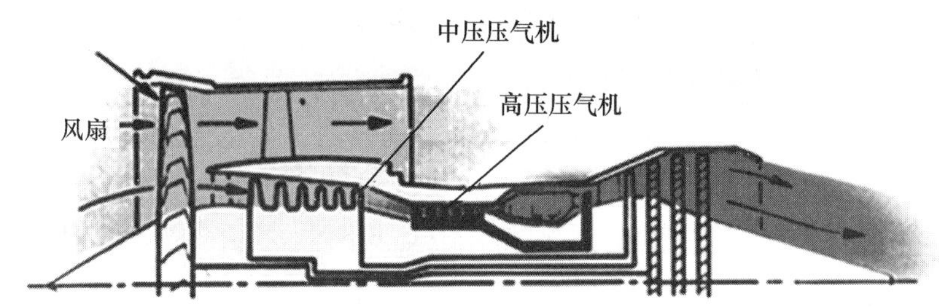

(a) 涡轮风扇发动机工作原理图(高涵道比)

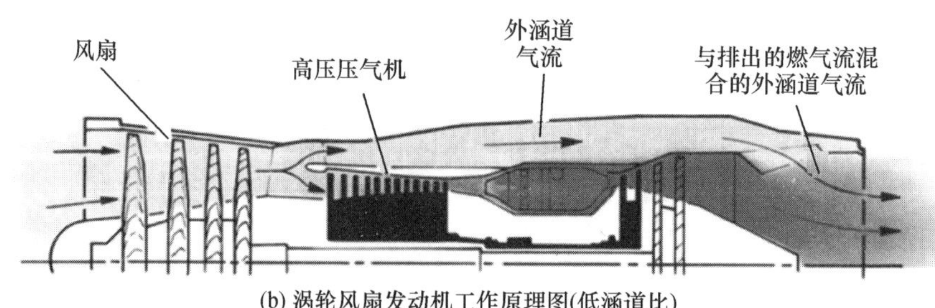

(b) 涡轮风扇发动机工作原理图(低涵道比)

图 3.28　高涵道比、低涵道比涡扇发动机工作原理对比

动机的效率得到极大提高。效率高就意味着油耗低，飞机航程变得更远。

3.3.3　涡轮风扇喷气发动机的优缺点

涡轮风扇喷气发动机工作效率高，油耗低，飞机的航程远。但涡扇发动机技术复杂，尤其是如何将风扇吸入的气流正确地分配给外涵道和内涵道，是技术难题。因此只有少数国家研制出涡轮风扇发动机，涡扇发动机价格相对高昂，不适于要求价格低廉的航空器使用（图 3.29 ~ 图 3.31）。

(a) 高涵道比涡轮风扇发动机

(b) 低涵道比涡轮风扇发动机

图 3.29　高涵道比、低涵道比涡扇发动实物对比

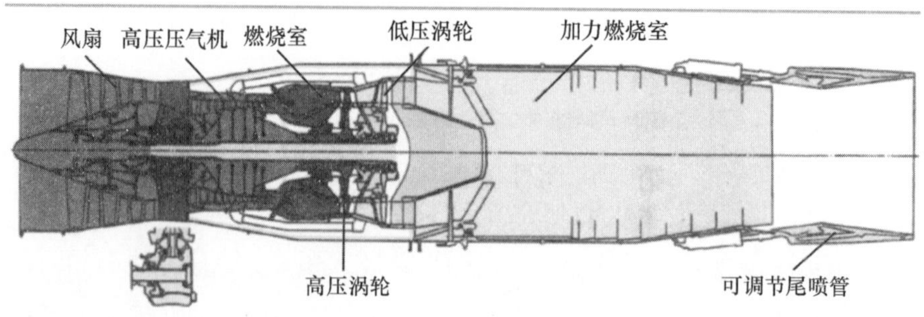

图 3.30　涡扇发动机按结构分类

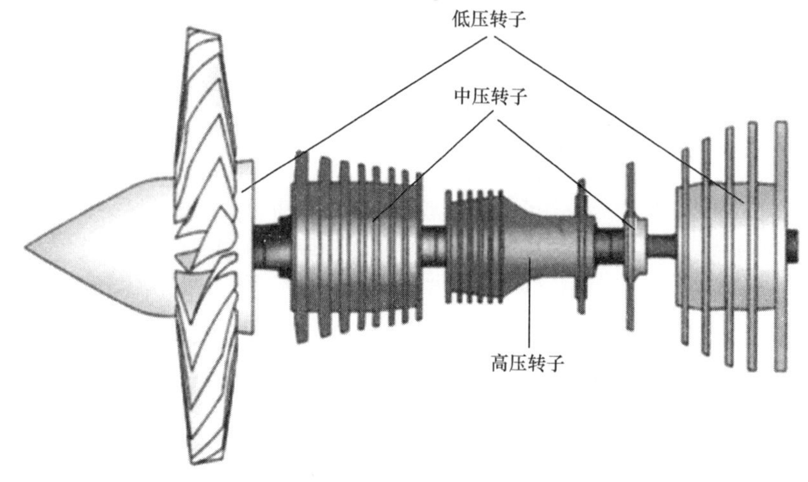

图 3.31　三转子涡轮风扇发动机三个转子示意图

3.4　涡轮螺旋桨发动机

3.4.1　涡轮螺旋桨发动机的诞生

现代涡轮喷气式发动机的喷流速度大于 500 米/秒(早已超过

了约 340 米/秒的声速)。如果飞行速度在 150 ~ 700 千米/小时(40 ~ 200 米/秒)的亚声速飞机,采用这样的动力装置就太不经济了,因为它的飞行速度和喷流速度的比值太小。这一比值正是评价涡轮喷气发动机经济型“推进效率”的决定因素。

对于涡轮风扇发动机来说,若飞行速度一定,要提高飞机的推进效率,也就是要降低排气速度和飞行速度差值,需要加大涵道比;而同时随着发动机材料和结构工艺的提高,需要的涡轮前温度也不断提高,这也要求相应地增大涵道比。对于一架低速(500 ~ 600 千米/小时)的飞机来说,在一定的涡轮前温度下,其适当的涵道比应为 50 以上,这显然是发动机的结构所无法承受的。为了提高效率,人们索性抛去了风扇的外涵道壳体,用螺旋桨代替了风扇,便形成了涡轮螺旋桨发动机,简称涡桨发动机(图 3. 32、图 3. 33)。

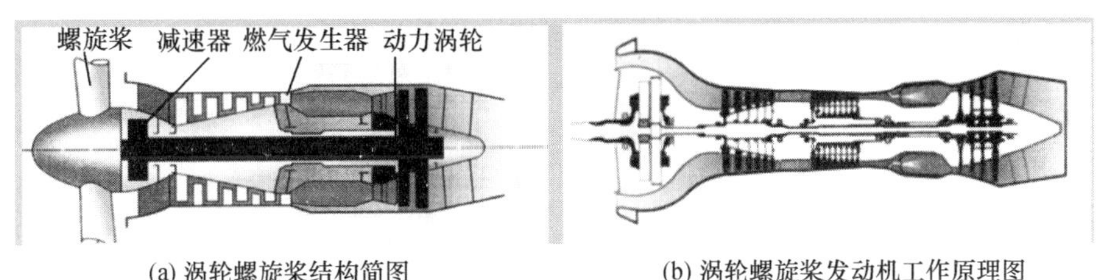

(a) 涡轮螺旋桨结构简图　　(b) 涡轮螺旋桨发动机工作原理图

图 3. 32　涡桨结构简图及工作原理图

英国的罗 · 罗公司在 1943 年末开始研制适合于速度为 600 千米/小时左右的飞机使用的涡轮螺旋桨动力装置。1945 年 9 月 20 日,一架“流星”型喷气式战斗机,改装两台 RB50“瑞达”型涡轮螺旋桨发动机进行试飞,成为世界首架投入飞行的涡轮螺旋桨动力飞机。

1948 年 7 月 16 日,英国维克斯公司研制的“子爵”系列的原型机维克斯 – 630 型涡轮螺旋桨式客机首次试飞成功,英国政府却劝

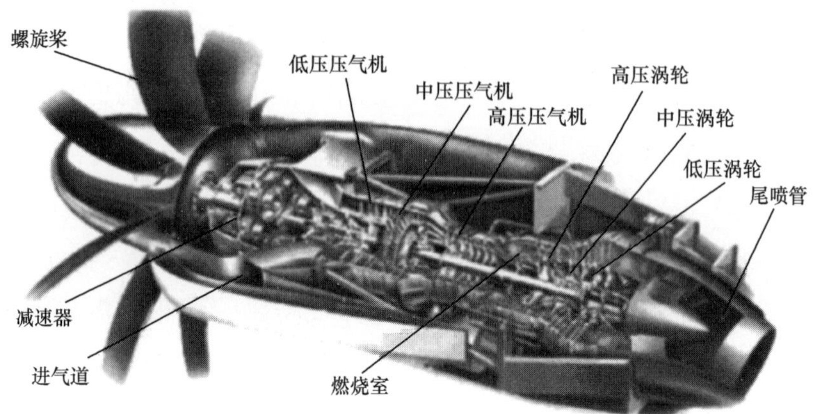

(a) 典型涡轮螺旋桨发动机结构简图

(b) 涡轮螺旋桨发动机解剖图

图 3.33 涡桨发动机结构简图和解剖图

说有关航空公司放弃对该型飞机的订货，理由是乘客可能难以接受这种新技术。

1953 年 4 月 19 日，英国的欧洲航空公司率先在航班上正式使

用“子爵”型飞机。实践证明，这种飞机有很好的经济性——每名乘客飞行1千米的运营成本只有0.0127英镑。

与此同时，苏联放弃了活塞式伊尔-28型运输机的原设计方案，开始大力研制涡轮螺旋桨动力装置。1959年4月20日，采用涡轮螺旋桨式发动机的伊尔-18正式加入航班，成为世界上最大的装有涡轮螺旋桨动力装置的飞机。

1956年，美国还在继续升级原本很成功的康维尔活塞式运输机系列（如康维尔-240等）。当康维尔公司终于认识到自身产品的技术已处于落后地位，并于1959年制造成功康维尔-540型涡轮螺旋桨式运输机后，仅收到了28架订单（这一数字连竞争对手的1/10都不到），因为市场早已被其他采用涡轮螺旋桨式发动机的运输机占领。

3.4.2　涡轮螺旋桨发动机工作原理

涡轮螺旋桨发动机由螺旋桨和燃气发生器组成，螺旋桨由涡轮带动（图3.34）。由于螺旋桨的直径较大，转速要远比涡轮低，只有大约1000转/分钟，为使涡轮和螺旋桨都在正常的工作范围内，需要在它们中间加入减速装置。这种减速装置的负荷重，结构复杂，制造成本高，它的重量一般相当于压气机和涡轮的总重。作为发动机整体的一个部件，减速器在设计、制造和试验中占有相当重要地位。涡轮螺旋桨发动机的螺旋桨后的空气流就相当于涡轮风扇发动机的外涵道，由于螺旋桨的直径比发动机大很多，气流量远大于内涵道，因此这种发动机实际上相当于一台超大涵道比的涡轮风扇发动机。涡轮螺旋桨发动机有定轴式、自由涡轮式两种（图3.35）。尽管工作原理近似,但涡轮螺旋桨发动机和涡轮风扇发动机在生产方面却有着很大不同,涡轮螺旋桨发动机的主要功率输出方式为螺旋桨的轴功率,而尾喷管喷出的燃气推力极小,只占总推力的5%左右,为了驱动大功率的螺旋桨,涡轮级数也比涡轮风扇发动机要多,一般为2~6级。

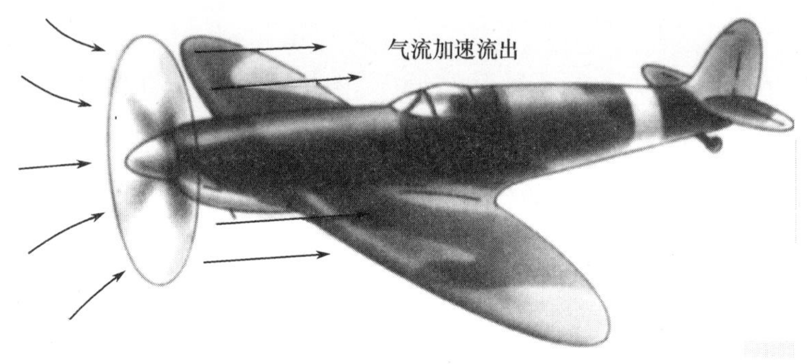

图3.34　采用涡桨式发动机飞机飞行示意图

3.4.3　涡轮螺桨发动机的优缺点

同活塞式发动机的螺旋桨相比,涡轮螺旋桨发动机有很多优点。首先,它的功率大,功重(功率/重量)也大,最大功率超过10000马力[①],功重比为4以上;而活塞式发动机最大不过4000马力,功重比2左右。其次,由于减少了运动部件,尤其是没有做往复运动的活塞,涡轮螺旋桨发动机运转稳定性好、噪声小、工作寿命长,维修费用低。而且,由于核心部分采用燃气发生器,涡轮螺旋桨发动机的适用高度和速度范围都比活塞式发动机高很多。在耗油率方面,二者相

① 1马力=735.498瓦。

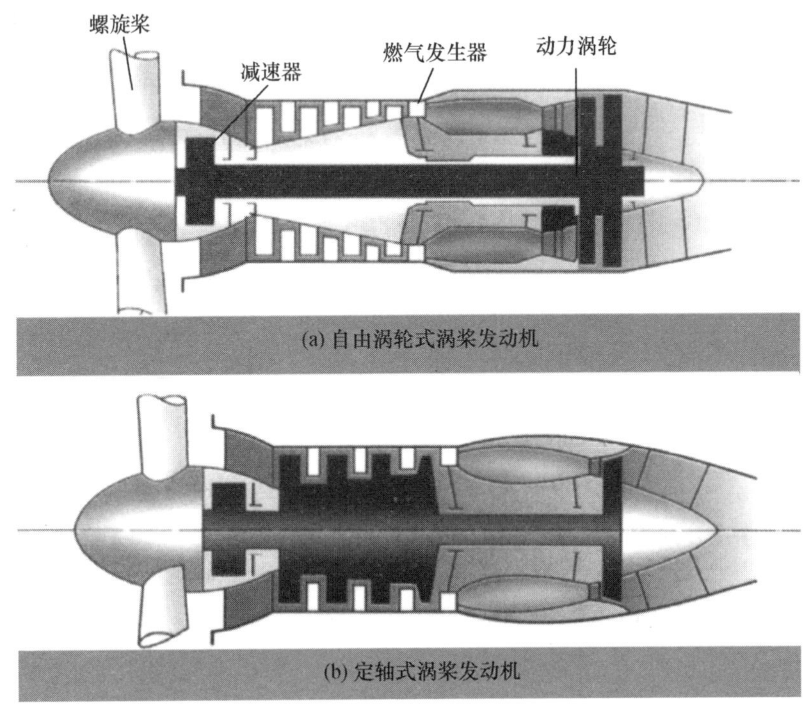

图 3.35　涡桨发动机的分类

差不多,但涡轮螺旋桨发动机在低速下效率要高于涡轮风扇发动机,但受到螺旋桨效率的影响,它的适用速度不能太高,一般小于 900 千米/小时。目前,在中低速飞行或低速性能有严格要求的巡逻、反潜或灭火等类型飞机中得到广泛应用。

3.4.4　世界著名涡轮螺旋桨发动机

世界著名涡轮螺旋桨发动机主要有 PT6A-6、TPE331-10、达特 6MK510、PW115、PW124、CT7-7、TPE331-14/15、AE2100、TPF351-20 等,图-95、安-12 等都是装有涡轮螺旋桨发动机的飞

机(图3.36、图3.37)。

图3.36　图－95轰炸机

图3.37　安－12运输机

3.5　涡轴发动机

3.5.1　涡轴发动机的诞生

在带有压气机的涡轮发动机这一类型中,涡轴发动机出现得较晚,涡轴发动机首次正式试飞是在1951年12月。作为直升机的新

型动力，兼有喷气发动机和螺旋桨发动机特点的涡轴发动机令直升机的发展更进一步。当时涡轴发动机还划入涡轮螺旋桨发动机一类。随着直升机的普及和其先进性能的体现，涡轴发动机逐渐被视为单独的一种喷气发动机(图 3.38)。在 1950 年时，透博梅卡(Turbomeca)公司研制成“阿都斯特”-1(Artouste-1)涡轴发动机。该发动机只有一级离心式叶轮压气机，与两级涡轮的输出管，功率达到了 206 千瓦，成为世界上第一台实用的直升机涡轴发动机。首先装用这种发动机的是美国贝尔直升机公司生产的 Be1147(编号为 XH-13F)，1954 年该机首飞，到了 20 世纪 50 年代中期，涡轴发动机开始为直升机设计者大量采用。

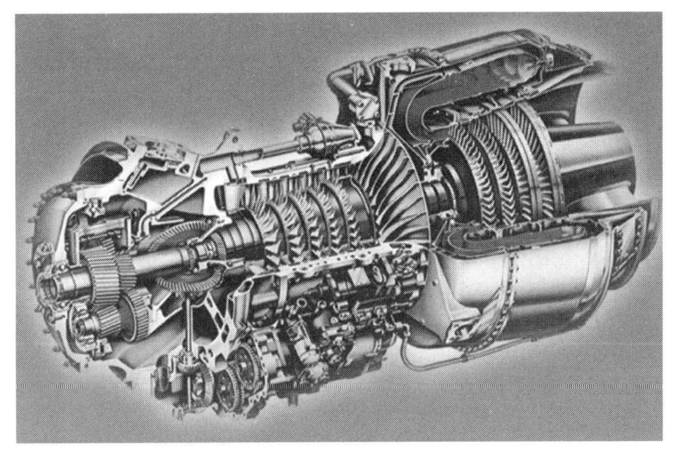

图 3.38　涡轴发动机解剖图

3.5.2　涡轴发动机的工作原理

涡轴发动机与涡轮螺旋桨发动机相似，曾经被划入同一分类。它们都由涡轮喷气发动机演变而来，涡桨发动机驱动螺旋桨，涡轴发

动机则驱动直升机的旋翼轴获得升力和气动控制力。当然涡轴发动机也有自己的特色:通常带有自由涡轮,而其他形式的涡轮喷气发动机一般没有自由涡轮。涡轴发动机具有涡轮喷气发动机的大部分特点,也有着进气道、压气机、燃烧室和尾喷管等基本组件。其特有的自由涡轮位于燃烧室后方,高能燃气对自由涡轮做功,通过传动轴、减速器等带动直升机的旋翼旋转,从而升空飞行。自由涡轮并不像其他涡轮那样要带动压气机,它专门用于输出功率,类似于汽轮机。做功后排出的燃气,经尾管喷出,能量已经不大,产生的推力很小,包含的推力大约仅占总推力的1/10左右。因此,为了适应直升机机体结构的需要,涡轴发动机喷口可灵活安排,可以向上、向下或向两侧,而不一定要向后。尽管涡轴发动机内,带动压气机的燃气发生器涡轮与自由涡轮并不机械相连,但气动上有着密切联系。对这两种涡轮,在气体热能分配上,需要随飞行条件的改变而适当调整,从而取得发动机性能与直升机旋翼性能的最优组合。参照涡轮风扇发动机的理论,涡轴发动机带动的旋翼的直径应该越大越好。因为同一个核心发动机,所配合的旋翼直径越大,在旋翼上所产生的升力就越大。但能量转换过程总是有损耗的,旋翼限于材料品质也不可能太大,所以旋翼的直径是有限制的。以目前的水平计算,旋翼驱动的空气流量一般是涡轴发动机内空气流量的500~1000倍。直升机飞得没有固定翼飞机快,最大平飞速度通常在350千米/小时以下,因此涡轴发动机的进气口设计也比较灵活。通常把内流进气道设计为收敛形,驱使气流在收敛时加速流动,令流速更加均匀。进口唇边呈流线型,适合亚声速流线要求避免气流分离,保证压气机的稳定工作。此外,由于直升机飞得离地面较近,一般必须去除进气中杂质,通常

都有粒子分离器。粒子分离器可以与进气道设计成一体。分离器设计为一定螺旋形状,利用惯性力场,使进气中的沙粒因为质量较大,在弯道处获得较大惯性力,被甩出气流之外,通过分流排出进气道之外。我们知道,压气机分为轴流式和离心式两种。轴流式压气机,面积小、流量大;离心式压气机结构简单、工作较稳定。涡轴发动机从纯轴流式开始,发展了单级离心、双极离心到轴流与离心装在一起的组合式压气机,兼有两者的优点。压气机部件主要包括进气导流器、压气机转子、压气机静子及防喘装置等。压气机转子是一个高速旋转的组合件,轴流式转子叶片呈叶栅排列安装在工作叶轮周围,离心式转子叶片则是呈辐射形状铸在叶轮外部。压气机静子由压气机壳体和静止叶片组成。转子旋转时,通过转子叶片迫使空气向后流动,不仅加速了空气,而且使空气受到压缩,转子叶片后面的空气压强大于前面的压强。气流离开转子叶片后,进入起扩压作用的静子叶片。在静子叶片的通道,空气流速降低、压强升高,得到进一步压缩。

3.5.3　涡轴发动机的构造特点

在构造上,涡轴发动机同涡轮螺旋桨发动机很相似。它们都是由涡轮风扇发动机的原理演变而来的,只不过后者将风扇变成了螺旋桨,而前者将风扇变成了直升机的旋翼。除此之外,涡轴发动机也有自己的特点:它一般装有自由涡轮(不带动压气机,专为输出功率用的涡轮),而且主要用在直升机和垂直/短距起降飞机上。

涡轴发动机也有进气道、压气机、燃烧室和尾喷管等燃气发生器的基本构造(图 3.39),但它一般都装有自由涡轮,前面的是两级普

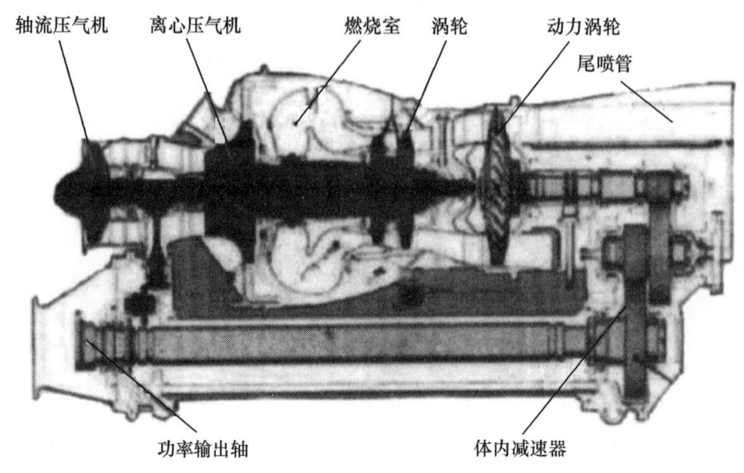

图 3.39　涡轴发动机的构造

通涡轮，它带动压气机，维持发动机工作，后面的二级是自由涡轮，燃气在其中做功，通过传动轴专门用来带动直升机的旋翼旋转，使它升空飞行。此外，从涡轮流出来的燃气，经过尾喷管喷出，可产生一定推力，由于喷速不大，这种推力很小，如折合为功率，大约仅占总功率的1/10。有时喷速过小，甚至不产生什么推力。为了合理地安排直升机的结构，涡轴发动机的喷口，可以向上、向下或向两侧，不像涡轮喷气发动机那样非向后不可。这有利于直升机设计时的总体安排。

涡轴发动机用于直升机，它与旋翼配合，构成了直升机的动力装置。按照涡轮风扇发动机的理论，从理论上讲，旋翼的直径越大越好。同样的发动机，产生同样的循环功率，所配合的旋翼直径越大，则在旋翼上所产生的升力越大。事实上，由于在能量转换过程中有损失，旋翼也不可能制成无限大，所以，旋翼的直径是有限制的。通常，通过旋翼的空气流量是通过涡轴发动机的空气流量的 500 ~ 1000 倍。

3.5.4 涡轴发动机的优缺点

作为动力,直升机最初使用的是活塞式发动机,目前仍有直升机在使用。涡轴发动机与活塞发动机相比,具有涡轮喷气发动机的特性,功率大,重量轻,功率重量比一般在2.5以上。目前,涡轴发动机的功率可高达6000马力甚至10000马力,活塞发动机几乎不能做到。涡轴发动机的耗油率虽然略高于活塞式发动机,但其使用的航空煤油要比活塞发动机用的汽油便宜。涡轴发动机的缺点主要在于,制造相对困难,初始成本也比较高。此外,直升机旋翼的转速较低,涡轴发动机需要很重、很大的减速齿轮系统进行传动,其重量竟占动力系统总重量的一半以上(图3.40)。而活塞式发动机本身转速低,传动系统相对简单。对于一些普及型或超小型的直升机来说,使用活塞式发动机仍然是较好的选择。

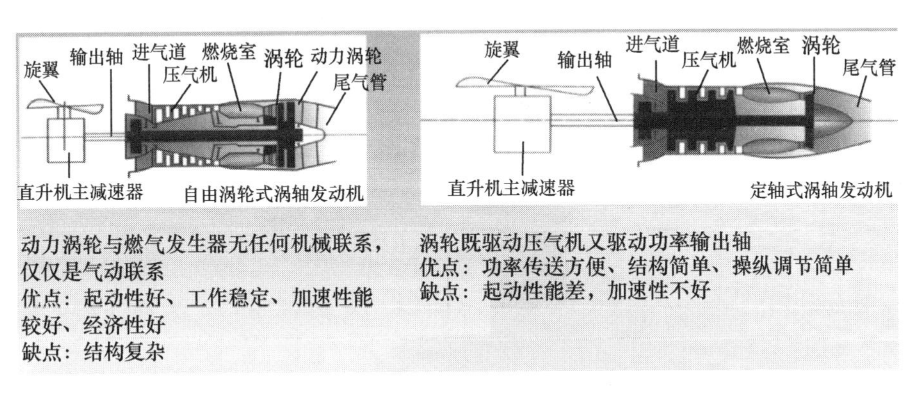

图3.40 涡轴发动机分类及优缺点

3.5.5 世界知名的涡轴发动机

世界知名的涡轴发动机主要有“阿都斯特”-1(法)、T58-

GE－10（美）、阿都斯特Ⅱ（法）、T58－GE－109（美）、阿斯泰祖（法）、64－GE6（美）、马基拉（法）、T700－GE－700（美）、NTR－390（欧洲）、T800－LHT－800（美）、RTM－322（英、法）等，如表3.3所列。

表3.3　涡轴发动机发展历程

	投产时间	国家	代表发动机
第一代涡轴发动机	20世纪50年代	法国	透博梅卡
第二代涡轴发动机	20世纪60年代	俄罗斯	TB2
第三代涡轴发动机	20世纪70年代末、80年代初	美国	T700系列
		俄罗斯	TB3系列
第四代涡轴发动机	20世纪90年代	美国	T800
		英法德	MTR390

3.6　螺旋桨风扇发动机

1997年8月，在莫斯科国际航展上，一架参加飞行表演的军用运输机引起人们注目。它的4台涡轮发动机前面，各装有14叶“螺旋桨”（前排8叶，后排6叶）。与普通螺旋桨相比，这种“螺旋桨”的桨叶短粗，带有明显的弯刀形状——使人感觉好像是一台涡轮风扇发动机的外罩被去掉了，它庞大的风扇暴露无遗。

这种新型的动力装置被称为螺旋桨风扇（简称螺桨风扇或桨扇）。这架展出的飞机是乌克兰生产的安－70型飞机（图3.41）。它是世界上首先试飞成功的装有单一桨扇发动机的运输机。

涡轮风扇发动机增加涵道比，可以提高亚声速飞行范围内的推进效率。现在桨扇式发动机，索性把风扇从涵道内解放出来，恢复成

图 3.41　安 −70 型飞机

螺旋桨。螺旋桨滑流的速度比外涵道喷流的速度要小得多,因而可以进一步改善推进效率。桨扇发动机的涵道比可以高达 25(尽管它没有外涵道,但螺旋桨后面滑流的空气流量和进入核心发动机的空气流量保持很高的比例)。

20 世纪 70 年代,高速空气动力学的研究成果已经有可能减轻螺旋桨在亚声速飞行时的激波损失。例如,减小桨叶厚度和展弦比、增大桨尖的后掠角、桨叶剖面采用超临界翼型,都能有效地降低压缩性阻力;使用复合材料,又可以保证薄而宽的桨叶有足够的强度和刚度;螺旋桨的直径小一些,可以降低桨叶尖的圆周速度;螺旋桨的直径小了,它的功率载荷就要增大,这个问题可以用增加桨叶的数目来解决(图 3.42)。

研究表明,这种在当时来讲非常先进的动力装置在飞行速度为马赫数 0.8 时,效率约为 0.8,与涡轮风扇相比,可节约油耗 20% ~ 40% 。装配有该发动机,飞机的起飞距离可以缩短 20% ~30% 。

图 3.42　桨扇发动机的研制

这项技术的研究其实始于 20 世纪 70 年代，首先从美国开始。英国、法国、日本等国也相继开展该技术的研究工作，但最后却由乌克兰先拔头筹(图 3.43)。

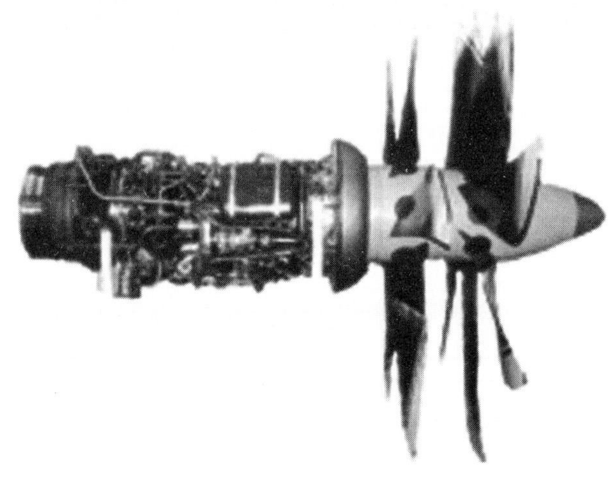

图 3.43　未被大规模使用的桨扇式发动机

20 世纪 80 年代初，美国联合航空公司向它的 13500 名乘客征

询对桨扇式科技的意见时，1/3 的受访者做了回答。其中，37% 的人愿意试试看，只有当他们得知乘坐桨扇式飞机可以降低票价时，才有 85% 的人表示赞成；而 6% 的人仍无法改变对螺旋桨飞机的成见。

3.7　其他类型发动机

3.7.1　垂直/短距起降动力装置

垂直/短距起降（V/STOL）动力装置是指能使固定翼飞机实现垂直/短距起降的动力装置，其有以下类型。

1. 升力发动机

升力发动机是一种把产生的推力直接用作升力的发动机，可以是涡轮喷气发动机，也可以是涡轮风扇发动机。其与一般涡轮喷气或涡轮风扇发动机不同的是：为了尽量减少自重对飞机性能的影响，升力发动机推重比要特别高，至少 16 甚至高达 40 以上。因此，要求结构相对简单、系统简化、广泛采用轻质的复合材料，随之而来的是工作时间短、寿命低。

2. 推力转向发动机

推力转向发动机又称推力矢量发动机，是利用改变喷气方向而既能提供垂直升力又能提供平飞推力的发动机。起飞、着陆和悬停时，发动机喷口向下，产生向上的升力；水平飞行时，喷口向后，产生向前的推力；在过渡飞行时喷口逐渐由向下转向后方，此时既有向前的推力分量，又有向上的升力分量。1960 年，英国霍克·西德利公司研制的装备“飞马”1 转喷管涡扇发动机的 P1127 垂直起降飞机首

次试飞，该飞机后来发展成为世界上第一架真正实用并装备部队的“鹞”式喷气战斗机。（图3.44、图3.45）。

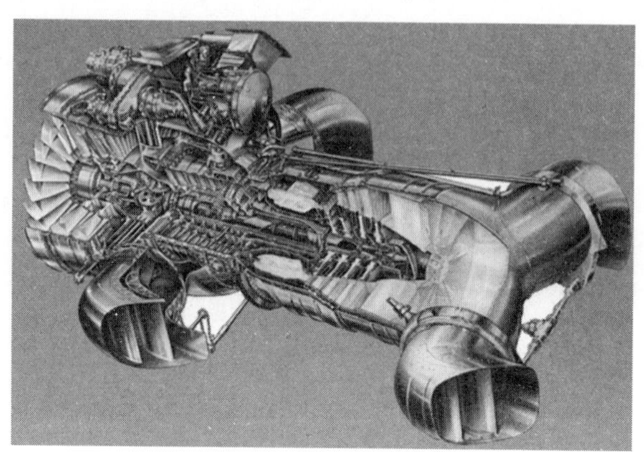

图3.44 “飞马”发动机结构图

3. 升力风扇

升力风扇是用机载燃气发生器的热燃气直接驱动或由其他功率输出轴传动的安装在机身或机翼上的风扇以提供升力的装置。垂直起降时靠风扇产生升力，过渡飞行时靠风扇和机翼产生的升力及燃气发生器产生的推力，巡航飞行时风扇关闭，燃气发生器转换为产生推力的推进器。

4. 螺旋桨旋翼

螺旋桨旋翼实质上是涡桨或涡轴发动机，仅仅由其驱动的既产生升力又产生拉力的装置是一个兼具螺旋桨和旋翼双重特性的所谓螺旋桨旋翼。这种动力装置安装在一个可以倾转的机翼（tilt－wing）上或者在两翼间形成倾转转子（tilt－rotor），当飞机需要垂直起降时机翼或倾转转子向上倾转使螺旋桨旋翼平面与地面平行，此时螺旋桨旋翼呈旋翼工作状态产生升力；过渡飞行靠机翼或倾转转

图 3.45　“飞马”涡扇发动机

子逐渐向下倾转使螺旋桨旋翼既产生升力又产生拉力；实现平飞后，螺旋桨翼侧则只产生向前飞行的拉力（图 3.46）。

3.7.2　冲压喷气发动机

1. 冲压喷气发动机的概念

在喷气发动机中，为了使空气—燃油混合物燃烧后获得高的能量转换以产生大的推力，需要将进入燃烧室的空气压力提高，而且压力越高越好。在航空燃气涡轮发动机中，是用由涡轮驱动的压气机

图 3.46　T406 – AD – 400 涡轴发动机和
装 T406 – AD – 400 涡轴发动机的 V – 22 飞机

将进入燃烧室的空气增压，当然，这就要消耗空气 – 燃油混合物燃烧后高温燃气中的大部分能量。

当高速气流流过发动机进气道时，气流速度降低，压力增大，当空气的压力达到一定的数值时，就可以不需要压气机对其进行压缩，而直接进入燃烧室喷油燃烧。此时，由于没有压气机也就不需要涡轮，从燃烧室出来的燃气直接进入尾喷管膨胀加速，向后喷出。显然，它的做功能力比有压气机的发动机大很多。这样的发动机就成为冲压喷气发动机，简称冲压发动机（图 3.47）。

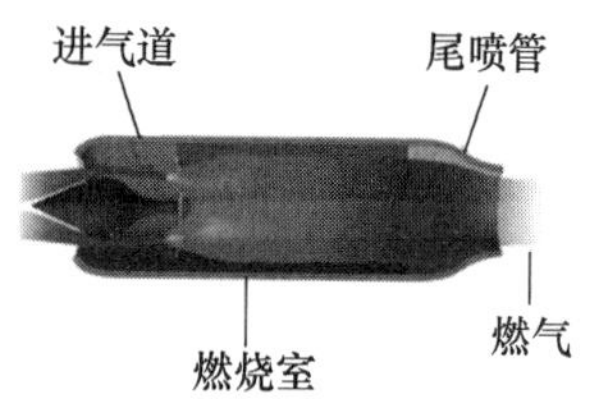

图 3.47　冲压式喷气发动机

2. 冲压喷气发动机的诞生与发展

1913 年,法国雷恩 · 罗兰(Rene Lorin)首次提出了冲压发动机的概念,并给出了相应的博莱顿热力循环。1929 年,苏联斯捷奇金(B. S. Stechkin)又奠定了冲压发动机的理论基础(图 3.48)。但冲压发动机最适用于超声速飞行,而当时高速空气动力学尚处于萌芽阶段,加之地面试验设备缺乏,只能靠速度较低的空中飞行试验,所以很长时间未能有进展,直到 20 世纪 40 年代仍处于研究试验阶段。像美国马夸特公司 1944 年 9 月开始研制的 MA－19G 亚声速冲压发动机,曾装在洛克希德 · 马丁公司 F－80 直升机旋翼转子两端部完成了首次有人驾驶飞行。在飞行期间,F－80 常规动力装置被关闭以实现冲压喷气飞行。另外,美国西勒公司也于 1949 年开始研究 8RJ2B 冲压发动机,并与 1950 年 8 月装在原型"大黄蜂"旋翼转子两端部进行了飞行试验。此后,随着空气动力学的发展和地面试验设施的不断兴建、完善,50 年代终于进入实用研究阶段。装冲压发动机的法国"莱迪"010 型试验飞机,于 1949 年 4 月 21 日首次空投试飞成功,成为世界上第一架以冲压发动机为动力的飞机(图 3.49)。

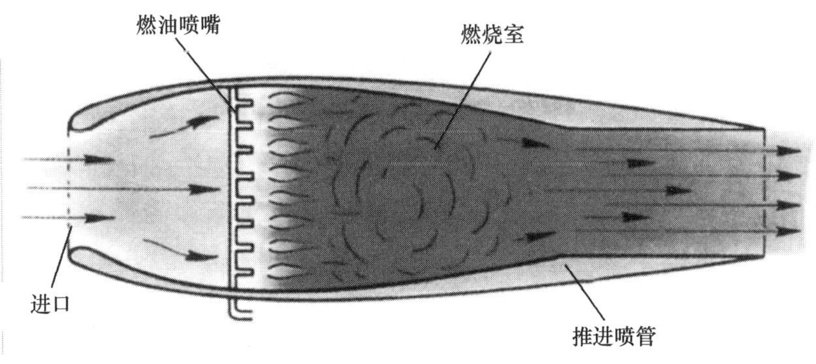

图 3.48　冲压喷气发动机原理图

图 3.49　莱迪 010

英国和美国分别于 20 世纪 50 年代初开始研制在弹体外部安装发动机的第一代冲压发动机导弹“警犬” –2 和“波马克”CIM –10B，并分别于 50 年代末和 60 年代初装备部队。“警犬” –2 的动力装置是两台罗·罗公司研制的“雷神”式冲压发动机和四台布里斯托尔·西德利公司的可分离的固体助推器。“雷神”超声速冲压发动机，由于其 100% 的启动可靠性而得到充分发展，并被认为适合用于制导武器和有人驾驶飞机；“波马克”CIM –10B 的动力装置是两台马夸特公司的 RJ43 –MA –7 冲压发动机（每台推力为 53350 牛）和一台西奥科尔公司的整体式固体助推器。

20 世纪 60 年代初，英国、美国和苏联都进行了整个导弹以冲压发动机为主体，合理地布置其他各分系统的所谓整体式布局第二代冲压发动机导弹的研制。其典型代表有美国的“黄铜骑士”、英国的“海标枪”和苏联的“加涅夫”。“黄铜骑士”的动力装置是本迪克斯公司 710 毫米直径的冲压发动机和阿莱基尼公司的可脱落的串联固

体火箭助推器:“海标枪”的动力装置是罗·罗公司的奥丁冲压发动机和串联的可脱落固体火箭助推器。由于奥丁冲压发动机置于导弹的第二级后段,超声速进气道在导弹的头部,中间有一个细长比大于6的中心圆柱形管道,故可使发动机能在迎角14°之内安全可靠地工作,并给出足够的推力。

3. 冲压喷气发动机的工作原理

冲压发动机由进气道、燃烧室和尾喷管三部分组成。进气道做成扩散形的通道,即进口流通截面积小于出口截面积,气流在进气道中减速,随着气流速度的降低,压强加大,在燃烧室中喷油进行燃烧,高压、高温燃气在尾喷管中膨胀,以很大的速度由喷口流出。为了很好地组织燃烧过程,通常燃烧室内装有预燃室、喷油嘴环和火焰稳定器,为防止烧蚀和震荡燃烧,还设置了冷却通道和防震屏。

4. 冲压发动机的优点

冲压发动机利用大气中的氧作为氧化剂,具有以下优点:

(1) 在较高的超声速飞行时,经济性好、耗油率低,显著优于涡喷/涡扇发动机,是在大气层内高速飞行($Ma>2\sim6$)的理想动力装置。

(2) 无转动部件,结构简单、质量轻、成本低、使用维护方便,在燃烧室中可以加入更多的热量以提高推力,所以推重比高。

(3) 由于没有转动部件,便于与固体助推火箭组合,使组合发动机体积小、性能高。

(4) 与火箭发动机相比,不需自带氧化剂,燃油消耗远比火箭发动机的推进剂消耗少,而且便宜又安全,发动机的工作时间可以比火箭发动机长得多。

5. 冲压发动机的缺点

(1) 因为飞行器达到一定飞行速度后,发动机才能启动工作,因此飞行器上需要用其他发动机作助推器。

(2) 与火箭发动机相比,单位迎面推力小,发动机的体积和直径都比较大,从而会增大飞行阻力。

(3) 飞行状态的改变比较敏感,因此在宽马赫数范围飞行时,要对进气道和喷管进行调节。

(4) 只适宜在 25 ~ 30 千米高度范围内工作,大于 30 千米高度后,由于空气密度、压力和温度都降低得很厉害,发动机性能变坏,甚至无法工作。

3.7.3 脉冲喷气发动机

冲压喷气发动机不能在静止状态下工作,而脉冲喷气发动机采用间歇燃烧原理,因此可以在静止状态下工作。与冲压发动机不同,在脉冲发动机中,燃烧室前装有单向节气阀。发动机不工作时,单向节气阀在弹簧的作用下处于打开位置。发动机工作时,首先由地面的气源向发动机提供一定压力的高压空气,空气在进气道完成压缩后,经过单向节气阀进入燃烧室,然后由喷油嘴喷油,点火燃烧,混合气燃烧后压力大大增加,将单向节气阀关闭,将外部气源断开,高压燃气高速从喷气管喷出,产生推力。燃气排出后,燃烧室内压力下降到小于进气压力,于是空气再次打开单向节气阀流入燃烧室,开始新的循环。一般每秒钟可以进行 40 ~ 50 次循环,因此,这种发动机产生的推力是脉动的。

1944 年 6 月 13 日凌晨,德国法西斯从占领地荷兰、比利时、法

国等的隐蔽地区向英国发射了令英国人迷惑不解的新式武器 V－1 导弹,其使用的动力装置就是一台脉冲喷气发动机和一台液体火箭发动机。V－1 导弹的最大飞行高度为 80～100 千米,最大飞行马赫数为 6。截至 1944 年 9 月 5 日,德国共向伦敦及其北部重要城市发射了 8070 枚 V－1 导弹,给英国造成了巨大损失。如果不是英国早在 1943 年 8 月派出 600 架飞机空袭了德国秘密火箭武器研制基地——佩内明德,后果将会更加严重。V－1 导弹及其发动机都是德国在 1942 年研制成功的。V－1 巡航导弹是脉冲喷气发动机最有影响力的一次应用。后来,这种发动机只作为某些低速靶机和航模飞机的发动机(图 3.50)。

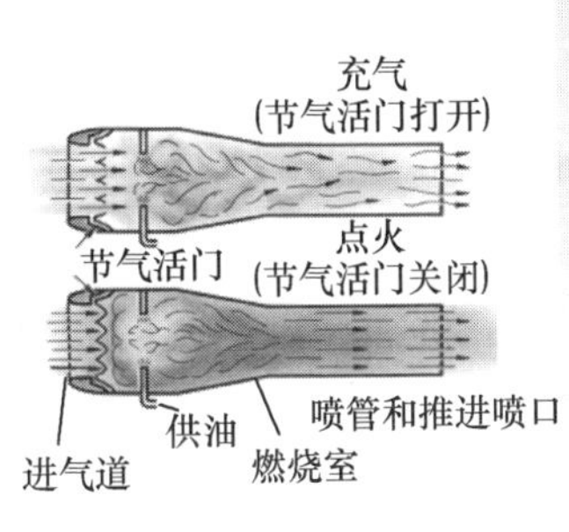

图 3.50 脉冲式喷气发动机

3.7.4 火箭发动机

火箭发动机是一种不依赖外界空气,以自身携带的燃烧剂和氧化剂(推进剂)燃烧而产生推力的喷气发动机。由此可见,它可以在没有空气存在的太空中工作。

火箭发动机按其所用的推进剂的物理状态不同,可分为固体火箭发动机和液体火箭发动机。固体火箭发动机有自由装填药柱式和浇注装填药柱式两种。前者由燃烧室、喷管、药柱、药柱支撑装置和发动机壳体五部分组成;后者与前者相比只是取消了药柱支撑装置(药柱与发动机壳体粘在一起)(图3.51)。

图3.51 火箭发动机

固体火箭发动机是靠通电点燃点火装置中的热敏药,继而引燃加强药和点火药产生具有一定压力的燃烧气体,用此燃烧气体迅速点燃药柱,产生大量高温、高压的燃烧产物——燃气。此燃气流入喷管后膨胀并高速喷出产生反作用推力,推动飞行器飞行。

液体火箭发动机与固体火箭发动机最大的不同在于所用的是液态推进剂。推进剂可以是单组元的(如硝基甲烷 CH_3N0_2,既是氧化剂又是燃烧剂),但采用的更多的是双组元的(氧化剂和燃烧剂是各自分开的)。氧化剂和燃烧剂分别由各自的储箱被高压气体挤压或

用涡轮泵输送到燃烧室中,混合后进行燃烧,燃烧后的高温、高压燃气经喷管膨胀加速以高速排出,从而产生反作用推力,推动飞行器飞行。

3.7.5　组合发动机

组合发动机是把两种以上不同类型的喷气发动机在形式、结构和工作过程上有机地结合在一起,形成一台兼具组成者各自特点的一种新型喷气发动机。

随着飞行器飞行航程的不断增加,最大飞行速度和高度不断提高,对动力装置要求也越来越苛刻,即应有满意的重量指标,还要在低空、低速下以及在稀薄大气层中飞行时,具有足够低的单位燃料消耗量。

这样一来,所有上述各种动力装置都不能满足要求,于是出现了不同类型动力装置混装的飞行器。但是,这种混合动力装置有很大的缺点:当组成者共同工作时,不可能保证在所有工作状态下,每个组成者的工作条件都是最佳的,因此性能就大打折扣;当组成者先后交替工作时,其重量指标又是一个大问题。因此,就目前情况而言,组合发动机可分为涡轮冲压发动机、火箭冲压发动机和涡轮火箭冲压发动机三类。

3.7.6　涡轮冲压发动机

涡轮冲压发动机是把燃气涡轮发动机与冲压发动机有机地结合在一起,能在各自最佳飞行速度范围内充分发挥性能的一种发动机。事实上,目前加力式燃气涡轮发动机就是一种涡轮冲压发动机,因为加力燃烧室实质上就是一个冲压发动机。只不过这种发动机仅能在燃气涡轮发动机不能达到的、冲压发动机又嫌太低的飞行速度下有效工作。基于上述事实,出现了两种类型的涡轮冲压发动机:一种是以加力涡轮喷气发动机为基础的涡轮冲压发动机;另一种是以加力涡轮风扇发动机为基础的涡轮冲压发动机。在这类发动机中,加力燃烧室同时又是冲压发动机的燃烧室。涡轮或冲压两种工作状态的转换可以靠一个专门设在涡轮延期及通道(或风扇涵道)和冲压涵道间的开关机构实现;也可以不用涵道开关机构,而是将涡轮压气机转换到自转工作状态。两种发动机相比较,因为风扇涵道的尺寸很大,冲压发动机燃烧室可安排在发动机的风扇涵道里,所以后者可以比前者稍短,重量稍轻;可以保持较高效率;在起飞和低速飞行时可保持较低的噪声水平;在发动机的空气流量不变的条件下,推力的变化较大。

以加力涡轮喷气发动机为基础的涡轮冲压发动机主要包括压气机、涡轮喷气发动机的燃烧室、涡轮、冲压涵道开关机构、火焰稳定器、可调喷管、冲压涵道通道、涡轮冲压发动机燃烧室等。

以加力涡轮风扇发动机为基础的涡轮冲压发动机主要包括风扇、冲压涵道通道、高压压气机、涡扇发动机燃烧室、涡轮、火焰稳定器、可调喷管、涡扇冲压发动机燃烧室等。

世界上第一台应用于飞机上的涡轮冲压发动机是法国人研制的,它安装在诺德航空公司 1500 型“猎犬”超声速研究机上,于 1955 年 9 月 20 日完成了世界上第一架涡轮冲压喷气式飞机试飞,速度达马赫数 1.85。

涡轮冲压发动机设计初衷是作为高超声速航空器的动力。在航

空领域，继马赫数3的战斗机/侦察机之后，目前正在研究发展马赫数3~4的第五代超声速战斗机。但在高超声速状态下稳定地巡航飞行领域，还存在一片空白。为此，各航空科技发达国家都在努力探索，从20世纪70年代人们设想装备机光武器的高马赫数战斗机，到80年代提出能地面起飞入轨进入大气作战后再入轨返回基地的跨大气层飞行器，一直到美国的“星球大战”计划提出后出现的航天飞机，研究工作一直坚持不懈。在这些研究工作中所要采用的动力装置方案，基本上都是采用涡轮冲压组合式发动机。虽然目前世界上还没有一个国家研制出高超声速跨大气层飞行器及其动力装置，但有不少国家已在技术上进行了探索，有的还取得了一定进展，诸如：

德国20世纪80年代开展的高超声速计划中的桑格尔（Sanger）方案，采用两级入轨，第一级的动力为涡喷与亚声速燃烧冲压（亚燃冲压）组合发动机，级间分离速度为马赫数7~8。桑格尔采用的第一级实际上就是一架可在大气层中做高超声速巡航飞行的飞机。

法国于1992年开始实施的高超声速推进研究与技术计划中，重点是研制并地面试验组合发动机的重要一环——马赫数6~8的缩尺超声速燃烧冲压（超燃冲压）发动机，目前该计划正与俄罗斯联合开展。

苏联于1986年开始设计的图-2000高超声速飞机，其所用动力装置是使用氢燃料的涡喷超燃冲压发动机和用于入轨的火箭发动机。目前，俄罗斯也在试图寻求国际合作。

美国的高超声速技术研究水平在世界上是领先的。在20世纪

80 年代和 90 年代初实施的国家空天飞机计划(NASP)是世界上最具代表性的高超声速技术发展计划。其基本任务有两项,即发展高超声速巡航能力和以吸气式推进系统上升进入地球低轨道的能力。所研究的动力装置有多种方案,一般都是由涡轮、亚声速燃烧冲压、超声速燃烧冲压、火箭等组成的组合发动机。到 90 年代中期,NASP 计划下马,现在转为较为低调的高超声速技术研究,为研究马赫数 4～8的动力(超声速燃烧冲压发动机)打下技术基础。

日本曾于 1989 年开始着手为期十年的超声速和高超声速推进系统研究计划(HYPR)。主要是为超声速和高超声速运输机(SST/HST)推进系统研究打下技术基础。通过实验研究验证组合循环发动机(CCE)的可行性。CCE 由循环发动机和以甲烷为燃料的冲压喷气发动机组成,研究工作从部件试验开始,进而研究高温核心发动机(HTCE)和变循环发动机 VCE。在 CCE 研究成功后,1999 年日本又开始研究下一代 SST 和环保型推进系统。

变循环发动机主要包括进口导向叶片、第一级风扇叶片、第二级风扇叶片、副涵道、核心驱动风扇级、主涵道、压气机、双头部燃烧室、高压涡轮、低压涡轮、可调面积涵道引射器、加力燃烧室、推力矢量喷管等部分。

安装 CCE 的飞机主要性能参数是:最大起飞质量 440000 千克、巡航速度为马赫数 5、巡航高度 28.3 千米、航程为 12000 千米的 300 座客机,装 4 台 CCE 发动机,理论上该机从东京到纽约只要 3 小时。飞机起飞和着陆时,VCE 的涵道比增加以降低噪声。在马赫数 3 以下巡航时,VCE 的涵道比减小以使燃料消耗最少和具有大的单位推力。在马赫数 3 以上巡航时冲压发动机取代 VCE。

3.7.7 火箭冲压发动机

火箭冲压发动机是一种由火箭发动机和冲压发动机有机结合的组合发动机。火箭冲压发动机的主要部件为空气进气道和燃气发生器(火箭室)。火箭冲压发动机的性能介于火箭发动机和冲压发动机之间,具体性能取决于组合方案、类型、效率和飞行状态。

火箭冲压发动机可以分为固体火箭冲压发动机、液体火箭冲压发动机和固体火箭液体冲压组合发动机等不同类型。

目前还在发展一种可变(工作)模态的火箭冲压(复合循环)发动机,它是火箭基复合循环发动机的最基本类型。一般由三维压缩高超声速进气道、隔离段、双模态燃烧室和可调尾喷管组成。其特点是:工作范围很宽(从零起飞到超声速),既能大推力起飞加速(火箭引射模态),又能高比冲巡航飞行(亚燃冲压和超然冲压),还能关闭冲压通道,用火箭模态加速至轨道速度。普通型火箭冲压发动机可用于各种战术导弹,可变模态火箭冲压复合循环发动机可望用于高超声速飞行器和航天运输。

20世纪70年代以来,国外十分重视这种发动机的发展,其技术也日渐成熟。苏联首先采用这种发动机作为导弹的动力,并已用于实战,如“根弗”SA-6地空导弹。欧洲和美国也于80年代初,在整体式固体燃料火箭冲压发动机预先研制的基础上,研制成功了许多型号,如美国洛克希德·马丁公司的舰空导弹装用的动力装置就是一例。

3.7.8 涡轮火箭冲压发动机

涡轮火箭冲压发动机是涡轮、火箭、冲压三种发动机组合工作的推进装置。根据循环方式的不同,这种发动机主要可以分为:①具有燃气发生器循环的涡轮火箭冲压发动机;②具有膨胀循环的涡轮火箭冲压发动机。前者火箭自带燃料和部门氧化剂(故称燃气发生器),排出的富燃烧气驱动涡轮后流入冲压燃烧室进行二次燃烧。后者火箭发动机完全不带氧化剂,而是利用液氢流经热交换器后变为气氢再驱动涡轮(同时冷却高温壁面或来流),随后纯气态氢排入冲压燃烧室进行燃烧。涡轮和压气机的耦合可有单轴、双轴、叶尖涡轮等不同方式。在这种发动机中,由于驱动涡轮的气流温度不受或者少受飞行速度的影响,飞行马赫数范围为 0 ~ 6;同时由于少带或不带氧化剂,发动机的性能有很大提高,但热交换器等结构重量的增加会使推重比降低。因此,这类发动机适用于以巡航为主的低的高超声速推进任务,如马赫数小于 6 的洲际飞机及高超声速导弹等。

3.7.9 航空燃气涡轮发动机在无人机和巡航导弹上的应用

20 世纪 70 年代以来,巡航导弹得到飞速发展,对现代战争特别是信息化战争的作用越来越大。90 年代以来的海湾战争、“沙漠之狐”和科索沃战争以及 2003 年美、英联军发动的伊拉克战争,不仅证明了巡航导弹之重要,而且也证明了无人侦察机在现代战争中的作用。

巡航导弹及许多无人机采用小型或微型航空燃气涡轮发动机作

为动力，因此，巡航导弹以及无人机发展的关键技术之一就是研制高性能、低成本的航空燃气涡轮发动机。

这里，小型或微型涡喷或涡扇发动机是按其推力矢量来大致区分的：推力量级在 100 ~ 2000daN 的为小型发动机；推力量级在 100daN 以下的为微型发动机；推力量级在 1daN 以下的为超微型发动机。

3.8　发动机安装位置

航空发动机在飞机上的安装位置不尽相同，有的在机身两则，有的在翼内，也有的在翼下，这是由于动力装置的布局与飞机外形是一项整体设计，发动机的安装位置与飞机的种类、用途及飞机的气动布局、结构、重量、中心平衡等都有关，而且还要考虑到安全性、维护性等诸多因素。具体来说，主要应满足以下几点要求：保证推进系统在飞机的各种飞行状态下都能安全、可靠、有效地工作；尽可能减小阻力；结构简单、减轻重量；可维护性好；噪声和振动小；生存力强，在受到炮火攻击或砂石、鸟撞后不致引起严重事故。

然而这诸多要求不可能全部满足，要根据飞机的具体情况，突出其中几项而兼顾其他项。以战斗机为例，主要要求重量轻、速度快、机动性好、生存力强，所以装用的一台或两台涡扇发动机多置于机身后部。进气方式一般选用腹部进气或机身两则进气，如 F－16。后端两则进气布局的好处是机身前端、中段可安置设备、弹药和油箱，而且发动机的轴线与机身轴线相距很近，两台发动机的推力不协调时，飞机所受的俯仰力矩和偏航力矩较小。不足之处是进气道较长，进气效率较低，维护检查也不太方便。再如美国的 A－10 之所以将发动机装于机背上，主要是出于生存考虑。由于是攻击机，A－10 在设计之初就要求尽可能增强飞机的生存力，设计人员在对飞机战损情况进行统计后发现，发动机的生存能力直接决定飞机的生存力。调查了飞机的中弹情况后，得到的结论是飞机背后部是最不容易中弹的。因此，A－10 的发动机就被安装在机背后部了；而新一代作战飞机发动机的安装位置除了考虑上述因素外，又增加了一条要求隐身性能好。为此，在飞机的总体布局上采用了把发动机与飞机设计成一体或者是把发动机深埋等措施，如 B－2 隐身轰炸机。

3.8.1 活塞发动机和涡轮螺旋桨发动机的安装位置

活塞发动机和涡轮螺旋桨发动机在飞机上目前多安装单台、双台或四台，一般多是拉进式（螺旋在前）的，装在机头或机翼前缘，这样可以使机翼上所受的载荷降低，因为发动机的重力和升力的方向相反，减少了由这些外力所引起的弯矩，如运－5、初教－5等飞机。

另一种是推进式的，发动机装于机翼后缘或机身后段。这种安排使机翼位于螺旋桨的滑流之外，阻力会降低，但主起落架较高，重量增大；而且发动机在地面工作时冷却条件也较差，因而目前使用较少，如俄罗斯的 C－PROP 飞机、意大利的 P. 180“前进”双发涡桨高速行政机。

目前也有一种轻型飞机将涡轮螺旋桨发动机安装在垂直尾翼上，以降低机身离地面高度，可在起飞时充分利用地面效应，如以色列研制的 ST－50 五座单发涡轮螺旋桨公务机。

3.8.2　涡轮喷气发动机和涡轮风扇发动机的安装位置

两类发动机在飞机上的安装位置相似，可用涡轮喷气发动机作为代表。单台涡轮喷气发动机多装在机身后部或机身下部。这种方式有利于维护修理，只要将机身后段拆卸开就行了；同时还可让出机身短舱或前段的空间，以便容纳人员和武器装备。这种发动机安排方式主要用于战斗机，如歼 -7 飞机。

双台涡轮喷气发动机有几种安排方式：

第一种是把两台发动机各装在一只短舱内，不只在翼根内，有些亚声速重型飞机采用这种布置形式。这种方式的优点是机身空间大，装载的人员和设备多；对机翼能起减少载荷的作用；当一侧的一台发动机停车时不至于引起急剧的转弯和倾斜；进气道的位置高，动力装置的气动阻力小。但其构造比较复杂，而且还会增大阻力和降低机翼的后掠作用，同时喷气流接近机身蒙皮，旅客座舱噪声大，如苏联的图 -12、图 -124，英国的“火神”“胜利者”“彗星”等飞机。

第二种双发的安排方式是把发动机装在机翼下的吊舱内或直接固定在机翼上，这种形式广泛用于现代的亚、超声速重型飞机。这种方式的好处是减少短舱和机翼的干扰，也是防止颤振的配重；对提高最大升力系数有利；防火性能较好；便于安装反推力装置和抑制发动机噪声；可采用全翼展的襟翼。另外，由于短舱离地近，发动机维护比较方便，但一些外面的小东西可能吸入进气道，如轰 -6、波音 -747 等飞机。

第三种双发的安排方式是把两台发动机并列在机身尾部的两则，这种叫“尾吊”式。其优点是能够降低从发动机传到旅客舱的噪

声,机翼气动外形“干净”,可以提高升阻比;改善了(已安装在翼根处相比)动力装置及整个飞机的维护性能;由于进气道的位置高,能防止在起飞和着陆时外物进入发动机;改善了飞机应急着陆的条件。但这种安排的构造比较复杂,也比较重。这几种安排方式多用于运输机或轰炸机,如美国“里尔喷气”60 公务机。

第四种双发的安排方式是把发动机左右并列(或上下叠置)安装在后机身的内部。有些后掠翼超声速歼击机就是这样。这种安排方式,在单发飞行时,由于两边推力不平衡而引起的使机头偏向一边的力矩比较小;但发动机所占机身的容积很大,不利于装载其他设备。这种发动机安排方式主要用于战斗机,如歼 -8 飞机。

三台喷气发动机的安排方式有两种:

一是两台发动机并列装在机身尾部,另一台装在垂直尾翼上。这种安装方式的优点是,如果发动机发生故障,涡轮损坏,被强大的离心力摔开的碎片不致破坏飞机的主要受力结构,比较安全。同时,并列两台发动机也可固定于气密座舱之外,如“三叉戟”、波音 727、雅克 -42 等飞机。

二是把两台涡轮风扇发动机安装在机翼下的吊舱内,另一台安装在垂直尾翼内。其特点和安装情况和装有吊舱的及垂直尾翼中安装一台的情况相似。如 MD -11 中远程宽体运输机。

四台喷气式发动机的安排方式比较常见的有四种:

一是四台发动机都置于机翼下的吊舱内,这种方式多用于运输机,但也有轰炸机采用这种形式的,如俄罗斯的伊尔 -76、美国的波音 -747 等飞机。

二是四台发动机都并列在机身尾部的两侧,其特点与两台发动

机尾吊式相近,如伊尔 -62 飞机。

三是四台发动机安装在靠近机身的机翼内部,每边放两台,这种方式的构造复杂。但一台发动机停车时可减少偏航力矩,而且还可消除或削弱短舱和机身的干扰作用,如俄罗斯的图 -160“海盗旗”超声速远程轰炸机。

四是把四台喷气发动机每两台成一组,装在机翼的底部,其特点是发动机短舱的剖面呈长方形,上下表面形成飞机结构的一部分,如英法研制的“协和”超声速客机。

3.8.3　进气系统安排

涡轮喷气发动机进气系统的主要作用是:引入空气,并尽量利用气流的冲压来对发动机增压,并使动能损失最小,进气口位置的安排,应注意使速度分布均匀,附加的阻力小;同时还应使进气口的位置不易吸入杂物,以免损坏发动机内部的零件如压气机叶片等。

进气系统主要包括进气口和进气道。

进气口的位置——进气口的位置与发动机的位置、数目和形式等有关。常见的有机头正面、短舱正面、机身两侧和机翼根部进气。此外,还有翼下和翼上进气等形式。

机身内部安装一台或两台涡轮发动机,多采用机头正面进气形式。这种进气形式的优点是,迎面气流冲压助力用效果好,但进气道较长,进气道内部摩擦阻力大,所以动能的损失也较大;同时机身内部的空间不好利用,雷达和武器的安装不便,而且座舱的视界也不大好。

在这种情况下,也可采用机身两侧进气的形式。这种安排的进气道较短，内部动能损失较小，头部空间好用来安装雷达和其他设备。但由于气流沿机身流过很长一段距离，在机身形成的附面层较长较厚，气流会从进口壁分离，这样就会使气流冲压的利用不好。如果附面层发展较严重，可能出现进气道中气流不稳定甚至发生动脉、抖振和很大的噪声等不良现象。一种解决的办法是，把附面层吸到低压区，将它排出掉。采用机翼根部进气、也有机身两侧进气形式相同的附面层变厚的缺点，解决的办法也相同。

另外，有一种飞机的进气口设计独特，为机身单侧进气的非对称形式，这种形式除了可能会带来不对称气动力外，其他特性应与两侧进气相同。

多台涡轮喷气发动机可装在发动机短舱内。这种安排方式不但对冲压利用效果好，而且内部动能损失也小。

飞行速度对于进气系统有很大影响。亚声速飞行时，进气道中气流的动能能量损失，主要由于内部摩擦和气流分离。为此可采取适当的进气道内部形状并把表面做得光滑等措施，但在超声速飞行时，除了这两项损失以外，在进气道之前还要产生激波，如为正激波则造成的能量损失更大。实用表明，当速度超过 1.5 倍声速时，激波损失大大增加，使得推力急需减小。这时可采用超声速进气道来改进这种情况。例如，在机头进气道中装锥木，并使它突出于进气道之外，使气流在进口附近形成一系列激波，并将正激波改变为斜激波，则气流能量损失可大大降低，保持发动机产生较大推力。马赫数更大的飞机，锥木可做成前后调节的，以适应不同飞行马赫数的需要，这样就可在不同的马赫数下，都可以保持气流动能损失小而产生的推力大。

超声速飞机除采用锥体外，特别是马赫数大于 2 的歼击机和客机还可采用二元超声速进气道。其进气口的剖面为矩形或方形，口内装有斜板，使得进气道的剖面收缩或扩张，随着飞行马赫数的变化而改变形状，形成不同的激波系统，以保证气流稳定，并使气流动能的损失减小。

涡轮喷气发动机进气口处在一定气象条件下容易结冰。这会使进气道中气流动能损失增大，推力减小，还可能使发动机受到损坏。为了防止结冰，可在进气口和进口导流片处安装防冰装置；其热源可利用发动机的燃气、压气机后面的热空气或电能。

现代作战飞机为了增强隐身性能，使雷达波不能直接照射到旋转的风扇叶片上，将进气口装在机翼上方，并采用“S”形进气道，使雷达波在进气道内经过多次反射而衰减，F－117 飞机为了增强效果，甚至在进气口装上了格栅，这些措施实际上对发动机的工作有影响，因此目前的隐身飞机的飞行性能都很一般。

3.8.4　排气系统

涡轮喷气发动机的排气系统应能保证排出的气体速度尽可能的大，使推力不受损失；还应使飞机内外部任何构件不致被燃气烧坏。

排气系统通常都是直的，以免喷气速度降低太多。但由于飞机设计和构造上的考虑，如为了简化机翼构造，有时不得不把排气管做成弯的，这在多发的涡轮螺旋桨发动机中尤其常见。排气口一般是圆形，但某些现代作战飞机为了隐身，采用了二元喷管，这样尽管在推力上有少许损失，但却可以大幅度降低红外排放特征，提高红外隐身能力，还有的将其与矢量推力控制结合起来，可进一步提高飞机的

机动性能。

3.8.5 发动机的数目

飞机上发动机的数目是由飞机的重量、种类、用途，以及发动机的类型所决定的。

一般来讲，确定发动机的个数的首要原则就是重量，轻型飞机或超轻型飞机由于起飞重量较小，多采用 1 台或 2 台发动机，而大型飞机则一般装有 2 ~4 台发动机，甚至更多。

在航空史的早期，由于当时的活塞式发动机单台功率较小，为了驱动一架大型飞机（现在看来那只能算中型飞机）就需要 4 台以上的发动机，经常会有飞机装有 6 台、8 台，甚至 12 台之多，这么多的发动机使飞机的结构变得相当复杂，故障率也相当高，因此这些多发飞机大多是昙花一现。

随着推进技术的进步，现代航空喷气式发动机的功率越来越高，推力越来越大，不需要很多台就可以为飞机提供足够动力，因而近些年来飞机发动机的数目呈减少的趋势，大多数飞机只装有 1 台或 2 台发动机。但是在一些特殊情况下，如某些适航条例规定越洋飞行的客机必须有 3 台以上的发动机，以确保在单发停车时具有足够的续航能力（这些规定已因为双发的波音 -777 飞机的出现而做了相应的调整），因此当今的远程运输机都采用 4 台发动机。

至于作战飞机，由于机体较轻，同时对飞机结构的紧凑性要求较高，其发动机的数目为 1 台或 2 台，轻型战斗机装 1 台，重型战斗机装 2 台。

第4章 中国发动机

航空发动机性能的好坏直接影响着飞机的飞行性能、可靠性及经济性，由于要在高温、高压、高转速和高负荷的环境中长期反复地工作，而且还要求具有重量轻、体积小、推力大、使用安全可靠及经济性好等特点，因此，必须要有很强的设计、加工及制造能力。可以说，航空发动机是一种典型的技术密集型产品。航空发动机研制周期长，技术难度大，耗费资金多，目前世界上具备独立研制航空发动机能力的国家仅有美国、俄罗斯、乌克兰、英国、法国、中国等少数几个。从某种意义上讲，研制航空发动机的能力是一个国家进入航空强国的重要标志。

中国航空发动机的研制是在新中国成立后一片空白的基础上发展起来的，从最初的修理、仿制、改进改型到今天可以独立设计制造高性能航空发动机，走过了一条十分艰辛的发展道路。

4.1 活塞式发动机

M－11ΦP发动机是五缸气冷星形活塞式发动机。它是新中国制造的第一台航空发动机，装备国产初教－5飞机使用（图4.1）。

图4.1 M－11ΦP发动机与初教－5飞机

4.1.1 活塞5发动机

活塞5（图4.2）是南方动力机械公司根据苏联АШ－62MP发动机技术资料仿制的九缸星形气冷式活塞发动机，装备运－5飞机使用。1958年6月试制成功，到1986年累计制造2600多台。

图4.2 活塞5发动机与运－5飞机

4.1.2　活塞 6 发动机

活塞 6(图 4.3)是南方动力机械公司根据苏联 АИ－14Р 发动机技术资料仿制的九缸星形气冷式活塞发动机,装备初教－6 飞机使用。1960 年 8 月开始试制,1962 年 6 月试制成功,后累计制造 700 台。

图 4.3　活塞 6 发动机与初教－6 飞机

活塞 6 系列主要有以下改型:

活塞 6 甲增大了压缩比,提高了额定功率。1963 年初开始改型设计,10 月制成进行试车,1965 年投入批量生产,到 1986 年累计制造 3000 多台。

活塞 6 乙进一步改进高空性能,设计加装涡轮增压器,于 1966 年制成。

活塞 6 丙 1963—1970 年改型设计的直升机用发动机,用于“701”和“延安”二号两种直升机。

活塞 6 丁进一步提高功率,1975 年开始改型设计,1980 年 8 月通过试车考核,用于运－11 飞机。

4.1.3 活塞7发动机

活塞7(图4.4)是哈尔滨东安发动机公司根据苏联 АШ－82B 发动机技术资料仿制的气冷星形14缸活塞式发动机,装备直－5直升机使用。1958年开始试制,1959年通过试车考核。后因质量问题于1961年重新试制,1963年优质过关。1976年4月首次装上直－5,第一次飞越唐古拉山山口5100米高空,进入西藏,在西藏高原完成试飞任务。12月另一路直－5由新疆和田入藏,顺利完成试飞任务。该发动机除装备国内空军、海军、民航飞机使用外,还援助第三世界一些国家。活塞7发动机于1980年停产,共生产1448台。

图4.4 活塞7发动机与直－5直升机

4.1.4 活塞8发动机

活塞8(图4.5)是哈尔滨东安发动机公司采用带涡轮增压器的活塞7本体与伊尔－14飞机用的 АШ－82T 发动机的减速机进行组

合研制而成的，用于 C－46、图－2、伊尔－14 等飞机。活塞 8 于 1961 年 9 月开始研制，1962 年 8 月开始装机试飞，1963 年 10 月通过考核投入批生产，到 1980 年停产，累计制造 1300 多台。

图 4.5　活塞 8 发动机

活塞 8 发动机是中国改型设计成功的第一种活塞式航空发动机。它的改型成功，实现了一机多用，解决了部队急需，而且发动机性能也得到改善。伊尔－14 运输机换装活塞 8 发动机后，升限由 6500 米提高到 9060 米，飞行速度由 377 千米/小时提高到 400 千米/小时，解决了飞往西藏高原问题；C－46 飞机的升限由 6100 米提高到 6800 米；图－2 飞机的发动机寿命由 200 小时延长到 300 小时，后期又经改进，发动机寿命延长到 800 小时。该机结构简单，设计试制周期短，便于生产管理和实现标准化、系列化。机型结构为 14 缸双排星型气冷发动机，带增压器。起飞功率 1360 千瓦，耗油率 320～374 克/千瓦·小时，最高转速 2600 转/分钟，质量 1045 千克。

4.2 涡轮喷气发动机

4.2.1 涡喷5发动机

涡喷5(图4.6)是我国仿制的第一种涡喷发动机,是“一五”计划中最重要的一项航空项目。当时的航空工业基础薄弱,该发动机的研制过程非常艰难。研制单位是沈阳航空发动机厂,要求在1957年国庆节前将涡喷5发动机研制成功,具备批量生产能力。涡喷5是一种离心式、单转子、带加力式航空发动机,主要用于国产歼-5战斗机。

涡喷5发动机大量使用了高强度材料和耐高温合金,加上喷管的加工工艺要求精度高,叶片型面复杂,加力燃烧室薄壁焊接等多项先进制造技术,对我国当时的制造能力是一个考验。经过各方面的通力合作及努力,首批涡喷5发动机在1956年6月通过鉴定,开始投入批量生产,比原计划提前了近一年时间,为国产歼-5战斗机的顺利投产起到了十分关键的作用。

涡喷5发动机的研制成功,标志着中国航空发动机工业已从制造活塞式发动机发展到了喷气式发动机的时代,成为当时世界上为数不多的几个可以批量生产喷气式发动机的国家之一。

4.2.2 喷发1A发动机

在第一台涡喷5发动机试制成功后,我国即开始了自行研制喷气发动机的尝试。参照涡喷5发动机的研制经验,我国试制一种推

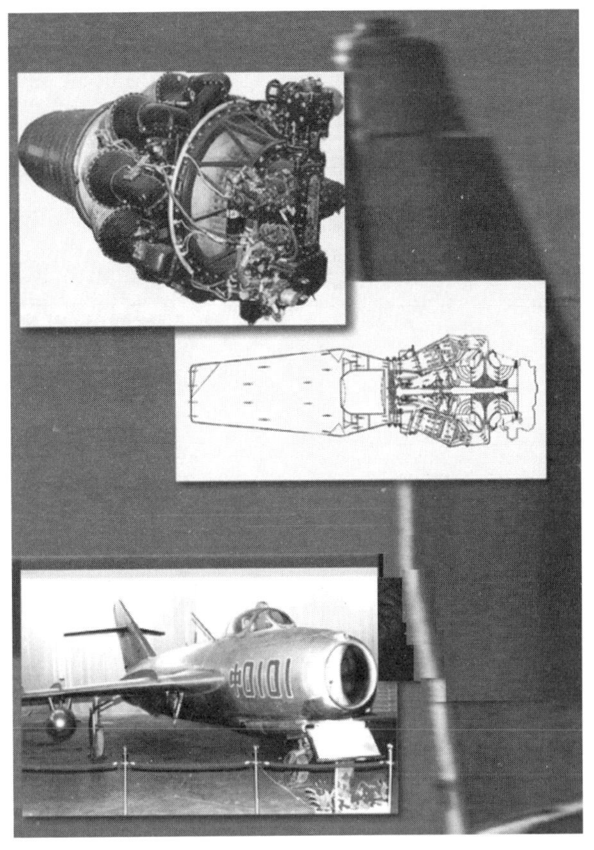

图 4.6　涡喷 5 发动机及歼 -5 战斗机

理为 15.7 千牛的小推力发动机，拟用作我国第一架自行设计制造的歼教 -1 飞机的动力装置，并通过实际的设计及制造过程达到培养技术人员及积累经验、提高设计的目的。

喷发 1A 的研制工作从 1957 年 7 月全面展开，用了不到半年的时间就装配出了第一台样机。经过 20 多个小时的试车考核后，性能基本达到了设计指标。1958 年 7 月装于歼教 -1 飞机上进行了升空试飞（图 4.7、图 4.8），获得了圆满成功，证明其设计是成功的。后

图 4.7　喷发 1A 及歼教 -1 飞机

来由于歼教 -1 飞机的研制工作被取消，喷发 1A 发动机的研制工作也随即中止。喷发 1A 虽没有投入最后的生产，但它却是我国向自行研制喷气式发动机迈出的成功一步，对后来喷气发动机的研制生产具有重要的意义。

4.2.3　涡喷 6 发动机

涡喷 6(图 4.9)是我国根据苏联提供技术资料制造的一种加力式涡喷发动机，主要用于装备国产歼 -6 战斗机(图 4.10)及稍后研制的强 -5 强击机(图 4.11)。同涡喷 5 发动机相比，涡喷 6 在性能

图4.8　歼教－1首飞成功

图4.9　涡喷6发动机与歼－6战斗机

上有了很大的提高，由亚声速发展到了超声速，压气机的结构也从离心式发展为轴流式，其最大推力和加力推力虽与涡喷5相差不大，但重量却减轻了23%，直径也缩短了48%，大大减少了飞机的迎风面

积,适合歼－6超声速飞行。涡喷6发动机由沈阳航空发动机厂于1958年开始试制和生产。由于涡喷6比涡喷5全机的零部件数量增加了将近1/2,特别是轴流式发动机的叶片和管子多,原有涡喷5发动机的生产线无法满足试制和生产的需要。因此,沈阳航空发动机厂对全厂的生产设备进行了大规模的技术改造,以保证涡喷6发动机的试制生产工作能顺利进行。

图4.10　歼－6战斗机

图4.11　强－5强击机

1958年7月,正是涡喷6即将进入正式研制的关键时刻,由于

受到当时环境的影响，有人对涡喷 6 的研制提出了“快速试制”的脱离客观实际的口号，因此涡喷 6 发动机出现了一系列的质量问题，加工质量不高，一些合理的技术管理制度也被取消，特别是质量检验方面更是形同虚设，使发动机的产品质量根本无法保证，这也为日后涡喷 6 出现大批量的质量事故埋下了伏笔。1960 年，中央军委决定对沈阳航空发动机厂进行全面质量整顿，并对涡喷 6 发动机进行重新试制。经过对制造工艺、检验规章的改进完善，试制工作得以顺利进行。到了 1961 年 10 月，重新试制的涡喷 6 发动机通过了全寿命试车考核，达到了所提出的全部性能要求，随即转入批量生产，保证了歼－6 飞机作战的要求。1965 年，我国强－5 强击机研制开始，对原有涡喷 6 发动机的需求量也有了较大的增加。由于沈阳航空发动机厂无法同时满足这两种飞机的需求量，成都航空发动机厂也开始生产涡喷 6 发动机。

由于涡喷 6 发动机是依据苏联提供的发动机资料仿制的产品，因此苏联发动机所存在的一些缺陷也同时存在，最主要的是翻修时间过短。针对这个急需解决的问题，1965 年，我国采用 41 项技术改进措施的涡喷 6 通过试车考核，发动机的翻修时间增加到了 200 小时。但在改进设计时对一些技术问题并没有真正吃透，在后来的使用过程中再次出现了重大的质量问题。1970 年，沈阳航空发动机厂对第一次延寿时所出现的一系列问题重新进行了技术攻关，重点解决涡轮盘和火焰筒两个部件所产生的问题，采用合气膜气焰筒、浮动式防热屏等 20 多项技术，彻底解决了使用中所出现的各种问题。1973 年，开始生产的涡喷 6 发动机的翻修寿命全部达到了 200 小时的设计要求。

在涡喷6的研制过程中，我国一些新飞机的研制计划也已开始，而涡喷6发动机仍是当时唯一可作为新机动力装置的发动机，由于其性能不能满足新机的要求，因此从1962年开始对涡喷6发动机进行改进改型。其中最主要的是沈阳航空发动机厂研制的涡喷6甲和成都航空发动机厂研制的涡喷6A/B三种改型。

涡喷6系列发动机是我国生产数量最多的一型航空发动机，估计总数在7000台左右，作为我国生产数量达数千架的歼-6飞机的动力装置，为我国海军、空军建设做出了不可磨灭的贡献。

4.2.4 涡喷7发动机

涡喷7发动机(图4.12)是根据苏联提供的技术资料制造的，主

图4.12 涡喷7甲发动机

要用于当时研制的歼 -7 飞机。涡喷 7 发动机性能较涡喷 6 有了很大的提高，其最大推力和加力推力分别比涡喷 6 提高了 50% 和 77%，并且为轴流式双转子结构，带有 6 级低压气机和二级涡轮组成高压和低压两个转子。火焰筒采用气膜冷却式，加力燃烧室也做了改进，消除了涡喷 6 发动机高空加力点火不稳定的缺点。尾喷口的调节由自动装置控制，材料上使用了较多的新材料，像压气机和涡轮叶片分别采用了不锈钢和高温合金，在性能和结构上，涡喷 7 较涡喷 6 复杂，对制造工艺的要求也更加严格。

1965 年，涡喷 7 的研制工作全面展开，由于前期准备工作充足完备，试制工作进展顺利，同年 10 月第一台发动机即装配完成，经过一年多的试车，各项性能均符合要求。1966 年 12 月通过技术鉴定，开始批量生产。20 世纪 60 年代末，由于沈阳航空发动机厂的生产任务过于繁重，国家决定涡喷 7 发动机转由贵州航空发动机厂生产。贵州航空发动机厂于 1965 年开始建设，1968 年在没有完全建成的情况下就开始了第一台涡喷 7 的试制工作，1969 年完成，1970 年通过了全寿命试车考核，具备了批量生产的能力。由于当时技术生产条件所限，涡喷 7 在设计及制造过程中存在着许多不足之处，在装机使用过程中多次出现故障，威胁了歼 -7 飞机的飞行安全。贵州航空发动机厂技术人员进行攻关并采取多达 25 项改进措施，使许多问题得以解决，大大提高了涡喷 7 发动机的性能及质量水平，为后来的改进成功发挥了重要作用。

涡喷 7 甲是涡喷 7 发动机的第一种改型，作为我国自行研制的歼 -8 飞机的动力装置。它在涡喷 7 的基础上成功运用了预先研究的多项技术成果，成功地实现了从单纯仿制生产到自行设计改

型的转变。它的研制,使我国第一次走完了从设计、试制、零部件加工及整机地面调试、高空模拟实验到最后试飞定型的全过程。涡喷 7 乙则是由贵州航空发动机厂在涡喷 7 甲发动机的基础上研制的另一种改型,两者的主要区别在于加力燃烧室的长度及结构有所不同。

涡喷 7 的研制对我国的航空发动机工业具有重要意义,使我国的航空发动机实现了从单转子向双转子的跨越,在一定程度上缩短了与世界水平的差距,并为日后我国发动机的改进改型及自行研制新型航空发动机奠定了基础。涡喷 7 系列发动机先后改型 18 种,配装歼 –7(图 4. 13)、歼 –8(图 4. 14)系列飞机。

图 4. 13　歼 –7 飞机

图4.14　歼－8飞机

4.2.5　涡喷8发动机

1958年，哈尔滨、沈阳和西安三家航空发动机厂依照苏联所提供发动机技术资料，联合研制涡喷8发动机（图4.15）。涡喷8的研制工作曾一度停止，直到1963年才恢复，此时，研制工作已由西安航空发动机厂议价独立完成。沈阳、哈尔滨两家航空发动机厂给予西安发动机厂极大的帮助及技术、物质上的支援，从而保证了发动机的研制进度。经过近两年的试制，1967年1月，第一台涡喷8发动机通过了国家的鉴定试车，结果各项性能全部符合设计要求，转入了批量生产。涡喷8发动机的研制成功，使轰－6轰炸机的试制工作也进展得十分顺利。如今，装备有涡喷8发动机的轰－6（图4.16）及各种改型仍是我海军、空军重要的远程打击力量。

涡喷8虽然研制成功，但其所需要的原材料、毛坯料及各种成品附件繁多，1967年时仍有50%的材料不能在国内生产，对该发动机

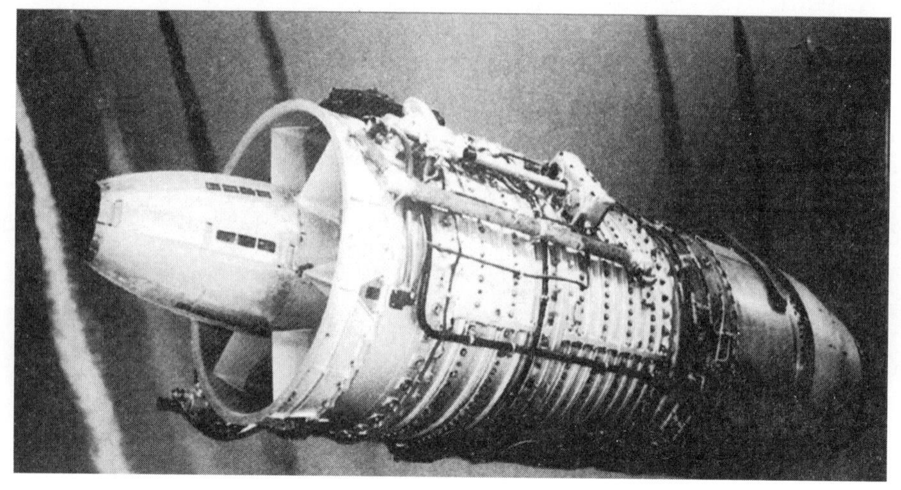

图 4.15　涡喷 8 发动机

图 4.16　轰 -6 飞机

的试制生产工作都产生了不利的影响。经过全国多个相关单位的共同努力，到 1971 年，涡喷 8 的各种生产原材料均可在国内生产，基本上实现了国产化。

在涡喷 8 研制成功后，西安航空发动机厂又开始对其进行延寿改进工作。经过提高发动机的制造工艺和产品质量，到 1974 年第一

次翻修时间已提高到了 500 小时,1979 年更是提高到了 600 小时,进入 20 世纪 80 年代后,随着一些新技术的采用,则一步提高到了 800 小时,80 年代末期更达近 1000 小时,是原来的 3 倍多。80 年代后期,为满足轰 -6 各种改型机的需求,西安发动机厂开始研制涡喷 8 的加大推力型,通过采取提高涡轮前温度及压气机结构等措施,使发动机的最大推力得到了提高,而且发动机的可靠性及安全性也得到进一步增强。改进后的涡喷 8 发动机于 1993 年开始批量生产,装备在轰 -6 的各种改进型上。

涡喷 8 是我国为轰 -6 轰炸机研制生产的一种大推力喷气式发动机,是当时我国研制生产的推力最大的一型发动机,也是 20 世纪 50 年代末世界上比较先进的一种喷气式发动机。这种大型发动机的研制生产体现了一个国家的综合国力和工业基础水平。

4.2.6　涡喷 13 发动机

涡喷 13 系列发动机(图 4.17)是轴流式双转子带加力的涡轮喷气发动机,先后改型 8 种,配装歼 -7E、歼 -7G、歼 -8B 系列飞机。1990 年获国家科技进步一等奖。

图 4.17　涡喷 13 系列发动机

进入20世纪80年代后,我国的航空发动机研制能力已具备了一定的实力,对涡喷发动机的技术性能已掌握得较为成熟。而这个时期也是我国新型歼-8Ⅱ(图4.18)和歼-7Ⅲ(图4.19)飞机研制的关键时刻。由于飞机性能要求的提高,现有的各型涡喷发动机都无法满足其需要,必须要有一种新的发动机作为这两种飞机发动力装置。因此,最终决定在涡喷7发动机的基础上研制性能进一步提高的发动机,并命名为涡喷13。

图4.18 歼-8Ⅱ飞机

图4.19 歼-7Ⅲ飞机

与涡喷7相比,涡喷13发动机结构上主要是对发动机的压气机进行了大幅度改进,发动机的喘振裕度明显提高,低压转子加了轴间轴承,振动小,压气机转子盘和叶片大量使用了合金,既减轻了重量又提高了叶片的工作强度。此外,还增加了较为先进的发动机控制装置,提高了发动机的控制性能,使其可靠性、稳定性都有了较大的提高。发动机的推力和加力推力分别比涡喷7提高了50%和15%,发动机的翻修间隔也有所提升。

涡喷13发动机的研制工作从1978年开始全面展开,1980年,首批3台发动机开始进行调试试车,到1984年先后完成了可靠性试车、高空台模拟试车、露天台性能试车及长期试车考核,测试结果表

明各方面性能均达到了设计要求，1985 年开始装机试飞，跟上了歼－8Ⅱ飞机的研制进度。

20 世纪 80 年代末，随着歼－8Ⅱ飞机的定型生产，经过改进的涡喷 13A 发动机也开始了研制，改进的主要方向放到提高性能及可靠性上，并采取了多项措施。涡喷 13A 发动机的匹配性好，工作稳定，可靠性有了明显的改善。在取得已有成绩的基础上，贵州黎阳发动机公司（原贵州航空发动机厂）又开始对涡喷 13 发动机在结构和性能上进行改进，研制了涡喷 13F 发动机，该发动机的各方面性能都是涡喷 13 系列中性能最好的。

涡喷 13 系列发动机的研制使我国结束了不能研制生产高性能涡喷发动机的历史，虽然其性能及技术还不是特别先进，但却是我国从仿制改型向自行设计制造的重要转变。

4.2.7　“昆仑”发动机

“昆仑”发动机（图 4.20）是我国第一个全面贯彻国军标、严格按照型号规范自行设计研制的轴流式双转子带加力的涡轮喷气发动机，具有完全的自主知识产权。1984 年 6 月开展验证机试制，历经重重困难，于 2002 年 5 月定型，配装歼－8H、歼－8FG 飞机。

20 世纪 80 年代中期，我国航空发动机的研制能力已有了长足进步，可以生产出一大批性能较为先进的涡喷发动机来满足空军部队的作战要求。但这些发动机基本上都是在苏联发动机基础上的改进、改型，并没有走出苏联发动机的“筐子”，客观地说并不完全是自己的产品，整体技术水平仍处于 20 世纪 60 到 70 年代的水平。这不仅制约了我国航空发动机制造工业的发展，同时还严重影响到我国

图 4.20 “昆仑”发动机

军用战机的性能。因此,能否为国产战机装上中国自己研制的强劲“心脏”,是解决中国战机所面临的各种问题所在,对我国今后航空发动机及军用战机的研制都具有极其重要的意义。

“昆仑”发动机就是在这种背景下开始研制的。它是我国第一种完全自行设计、研制的国产涡喷发动机,具有完全的自主知识产权,其所使用的技术、材料、工艺等完全立足国内。1987 年正式立项,开始进入原型机的研制阶段。而此时恰逢我国颁布了全新的国军标,上级要求“昆仑”发动机研制要全面贯彻。由于国军标与以前我国所按的苏联军标有着很大的不同,因此此前所有对发动机的设计试验标准全部都得到推倒重来。这使“昆仑”发动机研制进度被大大拖慢,最后经历了长达 18 年的时间才设计定型。但从今天来看,当年贯彻国军标是极为正确、极富远见的,它不仅提高了我国研制航空发动机的能力与水平,还解决了我国航空发动机长期以来所存在的可靠性低、可维护性差、使用寿命短的问题。“昆仑”发动机之所以用了近 18 年的时间才完成研制工作,主要是由于国军标的要求十分苛刻,要全面贯彻起来就当时的国内基础并不具备条件,另一

个原因是我们缺少一些必需的实验设备,因此,要在原定的时间内完成研制计划是很困难的。

“昆仑”发动机最后在 2001 年 12 月通过了国家测试,达到设计定型标准。它为双转子带加力式涡喷发动机,采用了带气动变化喷嘴的环形燃烧、复合气冷定向凝固无余量精铸涡轮叶片、数字式防喘控制系统及气膜冷却等多种先进技术,技术性能上达到一个很高的水平。

其后,我国又先后推出“昆仑”Ⅰ、“昆仑”Ⅱ型发动机。由于“昆仑”Ⅱ型发动机的安装方式和外形尺寸与我国大量在役的涡喷 7、涡喷 13 系列发动机基本相同,具有很好的互换性,因此可以很方便地安装到现役各型歼 -7、歼 -8 飞机上,从而使这两种飞机的性能有了一个跨越式的提高,极大地提高了我海军、空军航空兵的空中作战能力。

4.3　涡轮螺旋桨发动机

4.3.1　涡桨 5 发动机

涡桨 5 发动机是支线客机运 -7 飞机的动力装置(图 4.21)。1966 年初在南方航空动力机械公司开始研制,1968 年转由哈尔滨东安发动机机械制造公司继续研制生产,到 1974 年 9 月首次完成 150 小时台架试验。1976 年 6 月按照航空产品定型委员会(航定委)批准的试车大纲通过 500 小时发动机设计定型台架试验,涡桨 5 发动机经航定委批准设计定型,并开始小批生产。发动机性能试飞是

1975 年完成的,共飞行 107 小时。研制过程共用 8 台发动机进行了约 5680 小时台架试验。涡桨 5 发动机曾在国内航线试用,因为在高温、高原环境起飞功率下降,使用受到限制,于 1980 年停止生产。

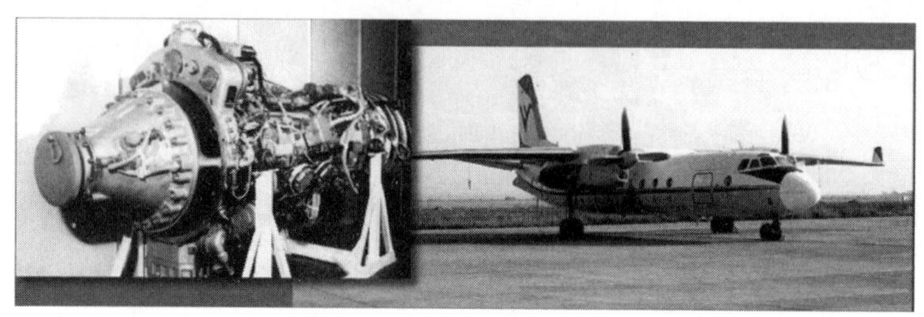

图 4.21　涡桨 5 发动机及运 -7 飞机

在涡桨 5 发动机研制同时,海军于 1969 年 8 月提出研制涡桨型发动机作为水轰 -5 飞机动力装置的任务。经论证,决定在涡桨 5 发动机的基础上重新设计涡轮部件,改型后的发动机编号为涡桨 5 甲(涡桨 5A),起飞状态的当量功率提高 442 千瓦。1978 年通过设计定型鉴定试验,次年完成发动机性能试飞,1980 年初经航定委批准涡桨 5A 发动机设计定型,装用涡桨 5A 发动机的水轰 -5 飞机于 1985 年投入使用。研制阶段生产了 10 台发动机用于台架试验和试飞,台架试验约 2050 小时。

由于涡桨 5 发动机在高温、高原环境下起飞功率不足,影响运 -7 飞机在高温、高原地区使用。为改善运 -7 飞机的性能,在运 -7 飞机换发论证会上决定研制涡桨 5AI 发动机取代涡桨 5 发动机作为运 -7 飞机的动力装置。涡桨 5AI 发动机的主要特点是将涡桨 5A 降低起飞功率使用,同时吸收涡桨 5 发动机在研制、生产和使用过程中所进行的设计改进成果,从而提高发动机工作可行性、延长工作寿

命,而且涡桨 5AI 发动机的温度特性有了明显改善。涡桨 5AI 的改型工作从 1979 年底开始,1982 年 7 月通过中国民航局、空军、海军和航空工业部组织的技术鉴定。

为降低涡桨 5AI 发动机燃油消耗率,改善其经济性,东安发动机制造公司和沈阳航空发动机研究所合作,请美国通用电气公司(GE 公司)进行技术咨询,在涡桨 5AI 基础上重新设计涡轮部件,经改型设计形成涡桨 5E 发动机。1987 年 5 月中国政府批准这一合作工程项目实施,同年 8 月,与 GE 公司签订的技术咨询合同经批准正式生效。次年底完成了图纸设计,1990 年 9 月完成样机装配和试验。经测试证明,涡桨 5E 发动机的性能达到了改善经济性和预期目的。随后,两次通过 CCAR33 部规定的 150 小时持久试验,并完成了 CCAR33 部规定的型号合格审定验证项目。1993 年 7 月由飞行试验研究院完成了型号合格审定试飞,同年 12 月经中国民用航空总局批准,涡桨 5E 发动机取得型号合格证。涡桨 5E 发动机是中国首台按照中国民用航空规章第 33 部(CCAR33)航空发动机适航标准进行适航符合性审定的涡轮螺旋桨型航空发动机。

涡桨 5 是我国研制生产的第一种涡轮螺旋桨型航空发动机,1978 年首先在沈阳民航装在安 -24 飞机上试用。

涡桨 5A 发动机外廓尺寸、质量与涡桨 5 基本相同,整机可互换安装。涡轮部件是新设计的,第 1 级导向器叶片和第 1 级转子叶片为空心气冷,转子叶片采用深根、大圆弧榫齿、带冠、窄弦长、成对装于涡轮盘榫槽内等结构形成,涡轮进口温度提高约 100℃,起飞当量功率提高较大。

涡桨 5B 提高发动机转速,增加燃油供油量,起飞功率较涡桨 5

发动机增加约200千瓦。

涡桨5AI原型为涡桨5和涡桨5A发动机，起飞功率改用两极转速，最大起飞功率由涡桨5A的2317千瓦降至2133千瓦，针对原型机的薄弱环节有较多改进，如压气机后轴颈改进设计，改进Ⅱ级转速控制系统，涡轮盘和火焰筒等热部件改用更好的耐热合金，增加监控装置等。发动机的温度特性有较大改善，在气温不高于38℃(101.32千帕)环境条件下保持起飞功率基本不变。1982年正式投入航线使用，首翻期寿命为2000小时。

涡桨5E为减少压气机流道损失对压气机进行了改进。在涡轮部件方面，为使流道光滑、各级涡轮功分配合理、反力度提高、间隙和泄漏损失减少，重新设计了导向器叶片、车子叶片和流道，改用蜂窝封严材料，取消第一级转子叶片的冷却气流等，采用了GE公司的经验和成熟的结构形式。涡桨5E发动机的功率和温度特性与涡桨5AI发动机相同，发动机工作可行性有所提高，起飞状态的耗油率较涡桨5AI降低9.4%，涡轮进口温度约降低50℃。首翻期寿命为3000小时。1994年初已交付民航试用。

4.3.2 涡桨6发动机

1969年中国政府为了提高部队运输和作战能力，要求研制中型运输机及其动力装置。南方航空动力机械公司于1969年8月开始为运-8飞机研制动力装置——涡桨6，1970年9月首次上台架运转，1973年4月首次上天试飞。1976年完成设计定型，并装备部队使用(图4.22)。

目前，首翻期寿命已由定型时的300小时延长到3000小时。

图 4.22　涡桨 6 发动机与运 –8 飞机

1982 年开始对涡桨 6 发动机进行改进设计，提高功率至 3350 千瓦，并降低油耗，经过两年多的研制，完成了验证机的试制和试验，并完成了 150 小时验证机的考核试车，尚未投入正式型号研制和鉴定试验。该机加大功率和降低油耗的主要技术措施是提高涡轮进口温度约 40℃，并提高约 2% 的转速。涡轮第 1 级采用空心气冷叶片，改进了冷却气路等，试验结果良好。

4.3.3　涡桨 9 发动机

涡桨 9 是以涡轴 8A 涡轴发动机为原准机改型设计的涡轮螺旋桨发动机(图 4.23)。其设计思想是最大限度地满足现有运 –12 飞机的要求，用以更换从加拿大进口的 PT6A –27 发动机。

图 4.23　涡桨 9 发动机

株洲航空动力机械研究所于 1983 年 4 月开始验证机方案设计，1984 年 2 月完成施工图纸设计。1985 年，南方航空动力机械公司加工制造了第一台验证机。1986 年，开始部件试验和整机性能调试，并取得成功。1987 年 7 月，立项转入型号研制。1988 年 2 月，开始原型机设计。1989 年 9 月制造出第一批原型机，并于 1992 年 12 月 10 日首次试飞。1994 年，完成全部适航考核的发动机地面及飞行试验。1995 年初，取得民航型号合格证并开始交付使用。截至 1994 年，已累积整机试验超过 1500 小时，其中包括 200 小时的飞行试验和 150 小时持久试验及 2000 次循环的初始维修寿命试车。

发动机总体布置采用单转子对置轴形式，自由涡轮后接集气腔两侧排气管，再接星形传动减速器。发动机的进气端与功率输出端位于发动机的两头。整个发动机呈一条直线，结构紧凑。

采用单元体结构设计，保留了原 WZ8A 发动机的轴流压气机、燃气发生器和自由涡轮三个单元体。新设计了排气管、减速器和附件转动机匣（带有滑油箱和进气道）三个单元体以及相应的各个系统。各单元体之间的静止件和转动件分别用螺栓和中心螺栓连接在

一起，易于外场检修与更换。

发动机采用滑油光谱分析、孔探仪检查、磁堵及振动检查等措施实现了视情维护。成熟期发动机翻修寿命为 2000 小时。

4.4　涡轴发动机

4.4.1　涡轴 5 发动机

以活塞 7 航空发动机为动力的直 -5 直升机存在较大缺陷，该机在高原地区起飞困难，甚至不能使用。20 世纪 60 年代初期，叶剑英元帅提出一架直升机应能运送一个加强排的要求。为实现这一战略设想，1966 年 3 月，第三机械工业部召开有关厂所会议，研究直 -5 直升机改型及其动力装置涡轮化问题。第三机械工业部选中一二〇厂提出的涡轴 5 发动机改型方案。4 月 23 日第三机械工业部向一二〇厂正式下达涡轴 5 发动机改型研制任务。

从 1966 年 4 月起，工厂集中 70 多人开展涡轴 5 发动机改型设计工作。改型机以苏联 AH -24 涡桨发动机为原准机，改型设计为自由涡轮式涡轴发动机。设计轴功率为 1617 千瓦。12 月完成第一台涡轴 5 发动机总装，并进行台架调试和 400 小时长期试车。1969 年 12 月，涡轴 5 发动机装上直 -6 直升机（图 4.24）首次试飞。1970 年 3 月，直 -6 直升机装上小改的涡轴 5 发动机，飞往北京做汇报表演。8—9 月进行高温、高原飞行试验。10 月进行 50 小时协调性、可靠性试飞。一二〇厂从 1966 年 12 月—1972 年 5 月，共生产小改涡轴 5 发动机 8 台，大改涡轴 5 发动机 4 台，合计 12 台，其中 9 台装上直-6直升机。1970年12月—1972年8月,大改涡轴5发动机由一二二厂在厂内完成装机试飞,一二〇厂完成500小时台架试验。1972年8月7日,两架直-6直升机在进行高温、高原转场试飞途中,有一架飞机发生故障,迫降在长春以南50千米处农田里,飞机着陆后起火,造成一等事故。

图4.24　采用涡轴5发动机的直-6直升机

事故发生后,第三机械工业部六院召集有关厂所开会,认真分析故障原因,制定改进措施。1973年2月,第三机械工业部在"关于研制直-6直升机的措施意见"中提出:直-6直升机能在高温、高原地区飞行,搞好了可以装备部队使用,也能为自行设计直升机摸索经验。第三机械工业部决定仍由一二〇负责涡轴5航空发动机的改进设计和定型工作。5月第三机械工业部又决定将涡轴5航空发动机的试制与定型工作转交江苏的一个工厂,并由三七〇厂配合,一二〇厂派人参加工作。

1976年10月,涡轴5航空发动机在江苏通过国家鉴定,但未投入批量生产。

涡轴5发动机是东安机械厂以涡桨型发动机为基础设计的分轴式涡轴发动机。后转到江苏无锡研制试验,株洲研究所也参加设计

定型工作。它分为燃气发生器和自由涡轮两部分，并由前输出轴改为后输出轴。

涡轴 5 发动机于 1966 年开始设计，1967 年调试，1969 年首次在低温平原地区试飞。1970 年 9 月又完成高温 32℃（2160 米）负载（起飞质量 8100 千克）试飞。试飞证明，发动机的性能、结构是好的，在平原和高温地区基本上达到了战术技术性能指标。同年转江苏，并于 1971 年顺利地完成了 500 小时长期试车。在总计 519 小时 31 分钟的试车过程中，发动机工作正常，性能参数基本上达到了设计指标。分解后检查情况再次说明发动机性能良好，长期工作可靠。

1975 年，无锡发动机设计所继续进行改型设计，排除发动机出现的故障。例如，燃气涡轮主轴承表面蹭伤，分析原因是高速轻载打滑。采取小组合游隙，小紧度，小自由游隙措施后，该轴承工作了上万小时未出现表面蹭伤。对二扭共振，采用了减薄叶型的办法来修频，同时增加压气机 1 级静子的叶片数（由 26 片增至 30 片或 32 片），以避开二扭共振。

1976 年，涡轴 5 发动机正式批准设计定型。该机先后共生产 37 台，装备直－6 直升机 7 架。

涡轴 5 发动机的优点在于，体积小、重量轻、功率适中、启动迅速、工作稳定、对恶劣环境的适应性强、结构可靠、安装和维护简单以及运输方便等。其翻修寿命为 300 小时。

4.4.2　涡轴 8 发动机

类型：涡轴发动机

国家：中国

厂商:南方航空动力机械公司

生产现状:批量生产

装备机种:涡轴 8 装配于直 -9 双发直升机(图 4.25)

涡轴 8A 装配于直 -9A 双发直升机

涡轴 8D 装配于直 -11 军、民两用单发直升机

涡轴 8E 装配于直 -9C 舰载反潜双发直升机

涡轴8系列发动机是在法国阿赫耶系列发动机基础上研制的涡轮轴发动机。1993年3月国产化涡轴8A发动机定型,配装直-9系列直升机。

图 4.25　直 -9 直升机及涡轴 8 发动机

研制情况:

为生产我国 2 ~4 吨级直升机的动力装置,1981 年中国航空技术进出口公司与法国透博梅卡公司(TM)签订了阿赫耶系列发动机生产专利转让合同,由南方航空动力机械公司按阿赫耶系列发动机全套设计、工艺、冶金和检测资料生产 WZ8 系列涡轴发动机。

阿赫耶涡轴发动机系 20 世纪 70 年代研制的产品,它采用了许多新设计、新材料和新工艺。为了逐步掌握这些新技术,南方航空动力机械公司将 WZ8 系列发动机的研制分为两个阶段:第一阶段采用法国材料生产。先将 TM 公司生产的各单元体、排气段、连接件和法国产附件装配成整机,在经过法方检验合格的试车台上试车后交付出厂;然后,南方航空动力机械公司用法国材料生产 M01(附件传动单元体)、M04(自由涡轮单元体)和 M05(减速器单元体)3 个单元体以及排气段、连接件和部分附件,与 TM 公司生产的 M02(轴流压气机单元体)和 M03(燃气发生器单元体)以及法国产附件组装成整机,经试车后交付;最后,用法国材料生产所有 5 个单元体、排气段、连接件和部分附件,与法国产其余附件组装成整机,并经 150 小时持久试车后交付。第二阶段为国产化阶段。除了极少数零件之外,所有原材料、毛坯和成、附件均立足于国内来生产。在国产化过程中,新研制的 24 种金属材料、64 种非金属材料及 60 种锻、铸毛坯均通过了国家级或其他级别的评审鉴定,绝大多数国产化、附件已通过鉴定或设计定型,整机国产化率目前已达 91%。

国产化涡轴 8A 发动机按法方提出的考核大纲进行了 2000 个典型飞行循环的试车(1000 小时)及 7000 次低周疲劳试车;两台国产化发动机首飞 100 小时后于 1992 年 11 月通过了由总参谋部陆航局和航空航天工业部主持的鉴定,投入批量生产。

在国产化涡轴 8A 发动机研制成功的基础上,南方航空动力机械公司根据 TM 公司提供的全套资料,按国产化的原则又研制了涡轴 8E 及涡轴 8D 两种型号的涡轴发动机,分别于 1994 年 7 月及 9 月通过了法方规定的 150 小时持久试车考核,同时又在试验器上进行了有关的鉴定实验。1994 年 9 月,该两型发动机通过了由中国航空工业总公司主持、海军及总参谋部陆航局参加的阶段性鉴定,于 1994 年年底装机首飞。

4.5 涡轮风扇发动机

4.5.1 涡扇 5 发动机

涡扇 5(图 4.26)是我国研制的第一种涡轮风扇发动机。1962 年,相关部门提出用涡喷 6 发动机改型为涡扇发动机来改装轰-5 飞机。当时涡扇发动机已是航空动力发展方向,各国都在加紧研制各自的第一代产品,我国与世界同行站在了同一条起跑线上,跟上了

图 4.26 涡扇 5 发动机

时代的步伐。之所以用涡喷 6 为原型进行改进设计,主要是想使研制工作在时间及技术上得以简化,保证研制工作的成功。1963 年 1 月,沈阳航空发动机设计所提出了改型方案,并命名为涡扇 5 发动机,随后开始了全面的设计研制工作。

涡扇 5 的第一台样机于 1965 年总装完成。之后经过数年的调试考核,1971 年开始整机试飞阶段。进行跑道滑跑试验时,发动机的状态良好,没有出现任何问题,但就在即将进行升空试飞时,轰 -5 飞机换装发动机的计划被取消了,从而使涡扇 5 发动机的研制工作在 1973 年中止了。

涡扇 5 的研制工作虽最终没能完成,但在超、跨声速风扇设计、压气机可调叶片技术和叶片调节器等关键设计上有了突破性的进展,在以后研制的多种发动机上得到了广泛的应用。

4.5.2　涡扇 6 发动机

涡扇 6 发动机(图 4.27)是我国第一次自行设计的大推力加力式涡扇发动机。1966 年初开始验证机试制,1984 年中止研制。

研制情况:

1964 年 5 月,空军提出设计一系列比歼 -7 歼击机更先进的新型飞机的技术要求。此后,沈阳飞机研究所和沈阳航空发动机研究所开始方案研究。1964 年 10 月,提出了新型飞机和发动机的初步方案,经过空军和航空工业部门讨论,决定新机设计分两步走:第一步,设计一种新飞机,装两台改进设计的涡喷发动机,即后来的歼 -8 飞机和 WP7 甲发动机;第二步,设计一种更先进的高空高速歼击机,装一台新设计的加力式涡扇发动机,新发动机编号为涡扇 6,代号

图 4.27　涡扇 6 发动机

WS6。1965 年 9 月完成方案论证工作，开始技术设计，1966 年 5 月投入试制。1968 年 6 月，首台试验机开始台架运转试车。1980 年 10 月，性能达到设计指标。1982 年 10 月，通过 24 小时飞行前规定试车。整机试车共 334 小时。后因飞机研制计划的改变，涡扇 6 失去使用对象，于 1984 年停止研制。

涡扇 6 发动机是沈阳航空发动机研究所自行研制的第一种推重力比 6 级的军用加力涡扇发动机。它是针对高空高速歼击机的技术要求而设计的。在发动机参数和控制计划的选择方面，充分注意了提高发动机推重比和高速性能。选用了高的涡轮进口温度和接近最佳的总增压比，采用了跨声速风扇、气冷式高温涡轮和平行进气的加力燃烧室。选用了能够发挥高空、高速性能优势的控制计划。该发动机的特点是：高速推力大，亚声速巡航经济性好，启动、加速快。转

子采用5支点支承方案，结构紧凑，布局合理，并应用了较多的钛合金材料。因此，发动机重量轻，推重比大。

涡扇6在研制过程中，曾遇到大量的技术问题，主要有启动困难、压气机喘振、涡轮进口温度高及振动大等。主要原因是自行研制的初期，缺少技术设备，主要部件的试验研究不够充分，特别是核心机压气机部件效率较低、喘振裕度小，给调试带来不少困难。主要部件经过多次修改、试验和在整机上反复调试，1980年底，各部件及总体性能均达到了设计指标。

1980年，在涡扇6的基础上发展了涡扇6改进型（代号WS6G）。和原设计相比提高了低压转子转速，风扇由3级改为2级，但其压比却由2.15提高到2.6，因而涵道比有所下降。同时提高了涡轮进口温度，将原来的环管燃烧室改为环形燃烧室。在外廓尺寸与涡扇6相同和质量减轻100千克的条件下，设计状态的加力推力提高了13.2%，推重比提高18.9%。于1982年2月进行了WS6G准验证机试车，达到了预计的推力指标，证明了WS6G方案在技术上是可行的。后因国内没有与之相配的飞机，因而未能立项研制。

1970年，还针对运输机发展的需要，发展了涡扇6甲（910甲）型发动机，采用单级风扇，带中间压气机，增大了总空气流量和涵道比，不带加力。生产了3台试验机。后因飞机研制计划改变，于1973年停止研制。

1964年，我国开始了新一代歼击机和强击机的研制工作，为了满足这两种飞机的性能要求，需要一种新型发动机作为其动力装置。沈阳航空发动机设计研究所提出了双轴涡喷、单轴涡喷和涡扇三类共22个设计方案进行对比,认为只有涡扇型可以满足这两种飞机的性能要求,遂将其命名为涡扇6型发动机。这也是我国第一次设计大推力发动机,其设计为双轴内外涵混合加力式涡扇发动机,设计最大推力为70.6千牛,加力推力为121.5千牛,推重比为6,在当时来说是一种性能十分先进的大推力发动机。

涡扇6于1964年10月开始进行初步设计,1966年完成了全部图纸设计。1966年初开始由沈阳航空发动机厂进行样机试制,1969年完成了2台试验机的制造工作。涡扇6的初步调试在1968年就已开始,在5年多的运转调试期间,先后解决了一系列的问题和故障。1974年,发动机达到了100%转速,进入高转速运转试车。但此时又出现了高压转子振动大、高转速喘振和涡轮前温度超过设计值等问题。1979年11月,所出现的各种问题相继被解决,发动机实现了高转速长时间稳定运转。1980年,涡扇6开始进入性能摸底试验阶段,然而,在20世纪80年代初期,两种新型飞机计划相继下马,作为其配套动力的涡扇6失去了使用对象。1983年7月,涡扇6发动机的研制工作全部中止。1984年初,研制计划被取消。这一种性能优秀的涡扇发动机再次被取消研制,使我国又一次与涡扇发动机失之交臂,再次错过了缩短与世界先进水平差距的机会。

4.5.3 涡扇9发动机

涡扇9"秦岭"发动机是我国研制成功的第一台加力式涡扇发动机。1983年12月设计达标,2003年7月通过技术鉴定,装配于歼轰-7、歼轰-7A(图4.28)。

研制情况:涡扇9双转子加力式涡轮风扇发动机是西安航空发

图 4.28　涡扇 9“秦岭”发动机与歼轰 –7 飞机

动机公司根据 1975 年 12 月 13 日中国技术进口总公司与英国罗·罗公司签订的斯贝 MK202 发动机专利许可权和生产合同制造的。中国代号为 WS9。

英国 MK202 发动机装于英国“鬼怪”(phantom2)F –4K 和 F –4M 上,中国的 WS9 发动机原拟装用于中国的歼击机或歼轰机上。

1976 年 3 月开始试制,1979 年 7 月 25 日第一台使用英国毛料制造的零组件并用罗·罗公司的外购件和附件的涡扇 9 发动机完成装配,同年 11 月 13 日完成 150 小时持久试车,首批共制造 4 台。

1980 年初,中国制造的两台涡扇 9 发动机和两套部件在英国高空台上作了高空性能、功能、再点火试验和 –40℃冷启动试验,并对其 5 种零部件作了强度试验考核。1980 年 5 月 30 日,中英双方在

考核试验报告上签字。至此,成功地通过了用英国毛料制出的涡扇9发动机的各项考核试验。原拟接着进行国产毛料试制,但当时国民经济调整,使国产化进度拖后。

目前进行的“斯贝”发动机部分国产化工程,除了实现发动机大修所需备件的国产化,也为进一步实现整机国产化奠定了基础。完成部分国产化工程后,将继续向整机国产化目标努力。

涡扇9发动机是一个成熟的机种,其特点是高速性能好,工作性能可靠,经济性好,翻修寿命长,使用维护方便。

涡扇9发动机是我国20世纪70年代中期根据从英国罗·罗公司购买的“斯贝”MK202型涡扇发动机的生产许可证生产的一种中等推力发动机,也是我国第一种从西方国家以许可证方式引进的发动机,提高了我国航空发动机的研制水平。1975年12月13日,中、英双方签订了“斯贝”MK202型发动机的引进合同,中国可以按许可证在国内生产组装该型发动机。“斯贝”MK202引进后,由西安航空发动机厂负责试制生产,国内称其为涡扇9发动机。为了保证研制工作的顺利进行,国家组织相关单位对引进的技术资料进行了详细的翻译校核,对生产工艺制造方面也给予了很大的帮助。

西安航空发动机(集团)有限公司在20世纪90年代初期开始进行涡扇9的国产化工作,标志着涡扇9发动机进入了一个全新的阶段。经过西安航空发动机(集团)有限公司5年的努力,1995年11月,部分国产化的涡扇9发动机顺利完成150小时试车,性能完全符合技术要求。但此时涡扇9仍有一部分设备国内不能生产,因此在1999年下半年,涡扇9发动机全面国产化工作启动,国产化的

涡扇9发动机被重新命名为“秦岭”发动机。2002年6月1日上午，“秦岭”发动机首飞成功，经过几十个架次的科目飞行。2003年7月，“秦岭”发动机国产化工程在西安通过技术鉴定，从而结束了我国国产涡轮发动机装备上的空白。

4.5.4 涡扇10发动机

涡扇10“太行”发动机(图4.29)是我国自行研制的第一种大推力涡扇发动机。2005年12月定型，装配在歼-10(图4.30)、歼-11系列飞机(图4.31)上。“太行”发动机的研制成功在自主研制航空发动机上实现了“三大跨越”。

图4.29 涡扇10“太行”发动机

图4.30 歼-10飞机

图4.31 歼-11飞机

半个多世纪以来，我国的航空发动机制造业取得了举世瞩目的伟大成就（图4.32），不仅在一片空白的基础上建立了一批科研试验基地和可观的生产能力，试制、改型、研制、生产了一大批多种型号的喷气发动机，基本上满足了我国战斗机配套的需要，同时还培养和锻炼了一支具有较强研发能力的科技队伍，取得了宝贵的实践经验，为在21世纪发展新型航空发动机、进一步缩小同世界先进水平的差距、更好地保证我国新型作战飞机的研制工作打下坚实的基础。目前，我国正处于历史上最好的发展时期，政治稳定，国力增强，科技研究和制造能力都达到了较高的水平，根据新一代战斗机的性能需要，

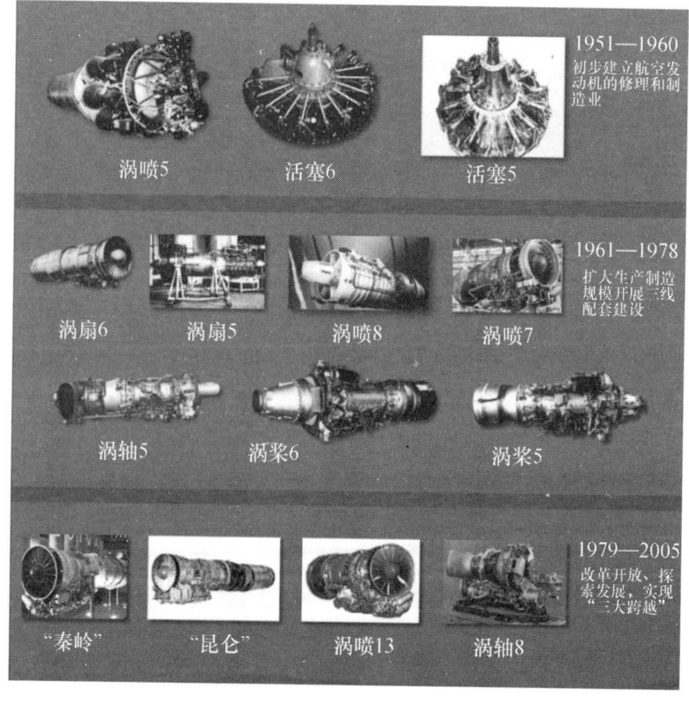

图4.32　航空动力产业发展历程

在研的发动机更注重高超声速和高推重比。随着研发投入的不断加大,我国航空发动机的研制能力将赶超世界先进水平,并在航空发动机这个高技术领域辟出一片自己的天空。

第5章
前沿发动机

未来的航空发动机将朝着不断改善性能，降低成本，提高可靠性、安全性和维修性的方向发展，而且，今后对航空发动机的污染和噪声要求也将更为严格。为满足航空发动机发展的更高要求，人们在继续提高传统燃气涡轮发动机技术水平的同时，也正在探索新型的航空发动机。

在燃气涡轮发动机基础上发展的多电发动机可全面优化发动机的结构和性能，减轻重量、提高可靠性、改善性能并降低寿命期成本，其发展已受到普遍重视。预计，2020 年之后，多电发动机可获得实用。

脉冲爆震发动机和超燃冲压发动机是当前备受关注的两种适合高超声速飞行的新型航空发动机。它们以其特有的优势引起了人们的极大兴趣，许多国家都开展了研究工作。

随着微机电技术的不断成熟，国外还提出了基于微机电技术的微型无人机的概念。目前，美国正在发展只有手掌大小的微型无人机的动力——微型燃气涡轮发动机。

为解决石油短缺和环境污染问题，国外从 20 世纪 50 年代就开

始研究航空替代燃料技术（如氢燃料、天然气、合成煤油和核能等），目前研究工作仍在继续。此外，太阳能、微波和燃料电池等新能源发动机也在探索中。

5.1　多（全）电发动机

多（全）电发动机作为多（全）电飞机的基础和重要组成部分，以支承发动机转子的非接触式磁性轴承和发动机轴上安装的内装式整体启动/发电机为核心，配以分布式电子控制系统，为发动机和飞机各个系统提供电力驱动。它可以取消传统的接触式滚动轴承、润滑系统和机械（液压、气压）作动系统，从而大大减小重量和复杂性，改善可靠性和维修性，降低成本。此外，所产生的电功率由两根以上发动机轴分担，可以重新优化燃气发生器，有利于控制喘振和扩大空中点火包线，改善发动机适用性；利用磁性轴承可以减少振动，强氏稳定性，对叶尖间隙进行主动控制；发动机轴上安装的内装式整体启动（发电机）能够产生几兆瓦的电功率，除为多（全）电飞机提供电力外，还可用于生成激光或微波束，作为机载高能束武器的能源。

美国和欧共体在 20 世纪 90 年代先后开始实施多（全）电发动机计划。美国主要在多（全）电飞机（MEA）计划和综合高性能涡轮发动机技术（IHPTET）计划下组织实施，将其列为 1997—2003 年的第三阶段任务。鉴于磁性轴承对航空发动机性能、可靠性和成本的重要影响，欧共体五国（英国、法国、德国、奥地利和瑞士）在 1998 年正式启动航空涡轮机主动磁性轴承（AMBIT）计划。

5.2 超燃冲压发动机

超燃冲压发动机(图5.1)是燃烧室内气流速度为超声速的冲压发动机,适用于马赫数为6~25的速度范围,是高超声速航空器、跨大气层飞行器和可重复使用空间发射器的推进装置。从20世纪50年代开始,国外就对超燃冲压发动机进行研究。在80年代中期,在国家空天飞机计划下,美国又掀起超燃冲压发动机的研究热潮。随着这项过于雄心勃勃的计划的撤销,美国国家航空航天局(NASA)转为实施更为务实的新型发动机计划,其主要目标是发展在飞行条件下超燃冲压发动机技术,然后发展高超声速飞行器和可重复使用的空间发射器的涡轮、亚燃冲压和超燃冲压组合发动机。该计划的X-43验证机装一台长760毫米的超燃冲压发动机,已于1998年8月交付给NASA作高速地面试验,然后进行飞行试验。X-43装在“飞马座”火箭的头部,由B-52飞机将装有X-43的火箭带到空中后发射。然后,火箭再将X-43加速到所需的速度,脱开后打开超燃冲压发动机工作5~10秒,将X-43加速到马赫数为7~10。虽然在2001年6月初进行的首次飞行试验中由于火箭发射后失去控制而使试验失败,但NASA表示在2002年以前将按原计划进行余下的两次试验。

美国空军、海军和国防部预研局也在研究用于高超声速军用飞行器的推进系统,近期目标是发展马赫数为4~8的导弹用的双模态超燃冲压发动机。飞行试验已于2004—2006年开始。俄罗斯、法国、德国和澳大利亚也在开展类似的工作。

图 5.1　超燃冲压发动机及超高声速飞行器

5.3 脉冲爆震发动机

脉冲爆震发动机(图5.2)是一种利用脉冲式爆震波产生推力的新概念发动机。它一般由进气道、爆震室、尾喷管、推力壁、爆震触发器、燃料供给和喷射系统以及控制系统组成,具有结构简单、推重比高(大于20)、耗油率低(小于1千克/十牛)、工作范围宽(马赫数为0~10)和成本低等优点。它在高超声速航空器方面有很好的应用前景。

图5.2 脉冲爆震发动机

国外早在20世纪40年代就开始脉冲爆震发动机的研究,到90年代进入全面发展时期。目前,脉冲爆震发动机已经完成了概念验证,开始进行原型机的发展和试验。美国的NASA、空军和海军都在进行脉冲爆震发动机的研究。NASA的脉冲爆震发动机计划包括三

个内容:脉冲爆震发动机技术(PDET)计划、脉冲爆震火箭发动机(PDRE)和脉冲爆震发动机飞机计划。PDET 计划的重点是发展混合脉冲爆震发动机系统,在今后 2 ~ 12 年内研究在普通燃气涡轮发动机的加力燃烧室里采用脉冲爆震燃烧,之后,在主燃烧室里采用脉冲爆震燃烧。

5.4　超微型燃气涡轮发动机

美国麻省理工学院正在按军方合同实施一项超微型发动机计划,研制各种用途微型无人机的超微型发动机,包括功率为 10 ~ 100 瓦或推力为 0.05 ~ 0.5 牛的涡轮发动机和推力超过 13 牛的火箭发动机。这里只介绍用于微型无人机用的超微型涡轮喷气发动机(图 5.3)。

美国国防部预研局和美国陆军在 1998 年 4 月与麻省理工学院签订一项合同,要求研制一种用于微型无人机的超微型涡轮喷气发动机。无人机的翼展为 127 毫米,重量为 50 克。安装一台推力为 0.127 牛的涡轮喷气发动机。这种无人机可以以 57 ~ 114 千米/小时的速度飞行 60 ~ 120 千米,每小时使用大约 25 克甲烷。发动机的最大外部直径为 20 毫米,长 3 毫米。压气机和涡轮的直径分别为 8 毫米和 6 毫米,涡轮叶片高度只有 0.2 毫米。这种微型发动机可以组合起来产生较大的功率或推力。例如,一个直径为 200 毫米的微型发动机组合可以产生近 90 牛的推力,可作为总重为 100 ~ 1000 千克的战术弹药和无人机提供动力。

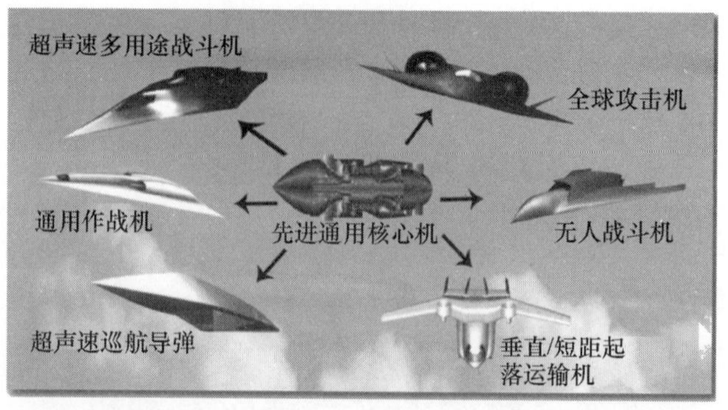

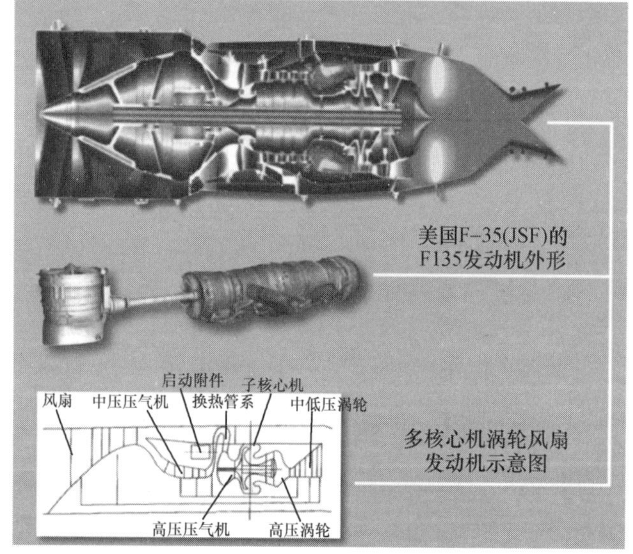

图 5.3　超微型燃气涡轮发动机

5.5　太阳能发动机

太阳能发动机(图 5.4)利用太阳能电池组将光能转变为电能并通过电动机带动螺旋桨作为飞机在高空飞行的动力装置。目前,美

国正在研制的太阳能无人机“太阳神”号以二次高能电池和太阳辐射能为动力，在机翼安装 14 个推进器，在理想的阳光照射下输出功率达到 40 千瓦。2001 年 7—8 月进行了试验飞行，最大飞行高度 29 千米，留空时间 18 小时。

图 5.4　太阳能发动机

5.6　氢燃料/天然气发动机

氢燃料按重量计的热值是煤油的 2.78 倍，且燃烧时不产生碳氧化物和烟尘，氮氧化物比煤油燃烧时少 2/3。因此，用液氢作为航空燃料具有热值高、飞行时间长或有效载荷大、环保性能好的优点，特别适用于运输机和民航旅客机。缺点是液氢密度小(为煤油的1/12)、体积大、工作温度低(-253℃)、成本高,运输和储存困难。美国、俄罗斯、欧洲已进行了多年研究,目前正在进行半商业性试验。

全球的天然气储量比石油大(可开采100~200年)。液态天然气燃烧时产生的碳氧化物、氮氧化物和烟尘比煤油少,而沸点和精密度比液氢高,由低温和容积引起的技术问题比液氢容易解决。因此,液态天然气可作为一种过渡性燃料。

5.7 燃料电池发动机

燃料电池发动机是将燃料的化学能直接转为电能,通过电动机驱动螺旋桨或旋翼。燃料电池由燃料、氧化剂、电极、电解液四部分以及控制等系统组成。燃料有烃类、天然气、氢、甲醇等。燃料电池的工作原理与一般的电池类似,都是通过电极上的"氧化—还原反应"使化学能转变为电能。它们的区别在于:一般的电池反应物质是预先放在电池里的,这些反应物消耗完之后,电池就不能继续供电。而燃料电池的反应物质放在电池之外,当燃料和氧化剂连续输入电池中时,燃料电池就可源源不断地发出电来。由于电动飞机不依赖石油燃料,没有一氧化碳和二氧化碳的排放,红外辐射极小,无污染、无噪声,有利于隐身。因此,电动飞机对于军用和民用都有很大的诱惑力。

2002年8月21日,美国NASA展出了一架150千克重的由燃料电池驱动的电动机飞机样机。2002年11月,采用燃料电池和普通蓄电池的飞机开始试飞,按计划2003年12月,完全由燃料电池驱动

的电力飞机首飞蓝天。

2005 年 5 月，美国航空环境公司的“全球观测者”氢燃料电池动力推进的无人机首飞成功。

5.8　核能发动机

核能发动机是利用核燃料核裂变所发出的巨大热量对发动机工质进行加热，以获得大量高温燃气高速排出产生反作用推动的发动机。因核能矿物中凝聚了极大的能量，可以长期使用而耗量极少。发展这种发动机的主要困难是在核裂变过程中会辐射出大量对人体、设备都有严重危害的射线。为保护乘员健康，必须在反应堆外安装笨重的铅、钢和混凝土等防护层，致使飞机的结构重量过大而难以满足航空的要求。

20 世纪 40 年代末，美国就开始研究在飞机上应用核能发动机，但由于技术复杂，防护装置太大，当时又没有与之相适应的大型飞机，因此该计划在 1960 年被取消。后来，随着 C－5A 大型飞机的出现，美国又考虑在 TF39 发动机上使用核能燃料，并利用机身中部安装核反应堆的 C－5A 飞机进行了试验。但核动力的 C－5A 至今未投入使用。因此，人们普遍认为，只有当航空进入“超大型”飞机时代，才会出现核动力飞机。

5.9　微波发动机

微波是一种波长为 1～1000 毫米、频率 300～300000MHz 的电磁波,能够有效地传输能量。微波动力飞机的原理是:地面上的微波站将能量很高的微波发射给空中的飞机,飞机将其天线所接收的微波再转换成电能,驱动电机带动螺旋桨;也可以用微波能量直接加热空气,然后从尾喷管中排出。

1987 年 9 月,第一架高空无人驾驶微波飞机在加拿大渥太华郊外的机场成功地飞行了 20 分钟。美国设计的"阿波罗"号轻型飞机是一种用微波作动力的有人驾驶喷气飞机,可以爬高 12000 米,而且还自带燃料,以便在大气层外飞行。日本在研制微波飞机方面也取得了许多成果,已经研制了性能更先进的微波供能飞机。它采用最新的半导体和相控阵天线自动定向技术,能够使微波传送得更远、定向精度更高,特别适合卫星上的微波传送。人类还在设想用微波能量发射航天飞机,这样所需的经费仅为用火箭发射经费的 1/20。

尽管微波飞机可大大节省传统燃料,减少燃气的污染。但是,它却带来了另外一种污染,即对人体和环境都十分有害的电磁波污染。此外,这种飞机的造价(主要是地面微波发射设备)较高,而且飞机的载重也有待提高。

5.10 智能发动机

目前,发动机是设定的、不灵活的,不能对变化的环境条件做出响应。它们不是按变坏的工作条件和性能恶化设计的,这导致在设计、使用和维修概念方面留有大的裕度,使性能受到不利影响,保障成本增加。

未来,发动机将发展成智能发动机。所谓智能是指能理解、调整

或修改目标,并采取行动实现这些目标。智能发动机依靠传感器数据、专家模型和它们的融合,全面了解环境和发动机状态,以提供最佳的信息和做出决策,并采取物理动作执行这些决策。它能对发动机性能和状态进行主动的自我管理,并根据环境因素平衡任务要求,从而提高性能、可靠性和战备完好率,延长寿命,降低使用和维修成本。

智能发动机关键技术有压气机、燃烧室、间隙和振动等的主动控制,以提高性能、耐久性和生存性;带有专门诊断传感器的精确的实时性能和寿命模型,以实现自动故障诊断和维修预报;磁性轴承、内装式整体启动/发电机和模型基分布式主动控制系统;微机电技术传感器和作动器;信息融合技术(每台发动机就是一个网站),能够在问题一出现时就发觉,根据余度信息做出正确决策,允许所有用户接近;先进非线性技术,能够实现自设计、“无程序”的自适应控制,这种控制系统可以自动重构,以优化性能并适应损伤和性能恶化。

5.11　“离子风”

近日,有外媒报道美国麻省理工学院工程师设计出一种“离子风”无人机,没有旋桨或涡轮叶片,无须化石能源或太阳能驱动。该机依靠的是空气在高压状态下被电离形成等离子体,带动气流按照既定方向通过机翼所提供的升力飞行。这种电离分子的技术其实在我们的生活中应用较广,如离子吹风机、离子风净化器、离子风散热等,但是,用“离子风”取代燃料来直接驱动飞行器在大气层内飞行并获得成功,还尚属首次。

这架“离子风”无人机是一架重约 2.3 千克的滑翔机，翼展达 5 米，机翼前缘及下侧装有薄电线作为正极，机翼后缘装有较厚的电线作为负极，机身装载一组锂聚合物电池。设备启动后可产生 4 万伏特高压，使被电离的空气分子从机翼前缘流向后缘，从而驱动飞机在空中前进。据介绍，这架无人机能够以每秒 4.8 米速度飞行 6 0 米。这是全球首架由无运动组件构成推进系统的飞行器实现持续飞行，为今后开发出低噪声、机械结构更简单且零排放的飞机提供了可能性。

其实早在 2012 年，中国首台离子发动机就已经在被装载在“实践”九号卫星上进行在轨飞行试验了。

不过太空与大气层内的“离子风”应用的区别是，在太空无重力环境下，离子推进器不需要给很大的推力，就可以让飞船的速度持续增加。而在地球上，“离子风”作为动力还需要产生大于重力的升力，这项技术应用在小型客机上在短时间内还很难成为现实。

当然，现在提出的关于“离子风”飞机或飞船之类的假设，距离实用都太过遥远了。麻省理工设计的“离子风”推进系统的总体输出效率仅为 2.5%，远低于常规飞机。不过与载人飞行器相比，固定式推进系统更易于小型化，也是更方便“离子风”技术的应用。例如，取代旋翼来驱动小型无人机，甚至是非常小的飞行器，加上静音、蓄能之类的优势，背后隐藏着很多我们无法想象的用途和广阔的前景。不仅如此，“离子风”动力在两方面对航空制造业特别有吸引力。一是动力的经济性。现代航空运输中，燃油成本一直在航空公司开支中占有最大的比重，航空燃油价格的持续飙升，成本最终还是以燃油附加费等形式摊销在乘客身上。而“离子风”动力一旦成为

现实,或假设与传统推进系统相结合,就可以制造出经济性高的低成本环保型混合型客机。也就是说,“离子风”技术的实用化,不仅能让人类对化学能的依赖大幅度降低,机票价格也会随之下降,而且可以有效减少燃油飞行器的碳排放量,为商业与环境带来双重利好。二是降低了制造门槛。众所周知,作为飞机的心脏,发动机直接影响着飞机的性能、可靠性及经济性,技术门槛很高,因此相关技术长期处于垄断状态。目前,只有美国、俄罗斯、英国、法国等少数几个国家能够独立研制高性能航空发动机。在技术壁垒严重垄断的大环境下,“离子风”这样的新技术显然能打破垄断僵局,为被挡在航空高新技术门外的国家或组织提供了新的可能性,并有机会在航空核心领域弯道超车,更重要的是将安全性和话语权掌握在了自己手中。

结束语

20 世纪,航空技术实现了跨越式发展,航空发动机的出现实现了人类的升空梦,更拉进了彼此间的距离。进入 21 世纪后,航空科技已不再遥不可及,而越发与人们的生活息息相关。航空工业已成为国家战略性产业,是国家技术、经济、国防实力和工业化水平的重要标志,更是大国崛起的名片。

航空发动机在航空工业中处于核心地位,被誉为“工业之花”,代表着航空工业的最高水平,属于国防科技的尖端技术,是综合国力的具体体现。新中国成立 70 年,我国航空发动机从解放初期的引进、维修、仿制、改进,到如今的独立研发,现已研制出拥有自主知识产权的先进发动机,显现出赶超世界一流水平之势。

新时代的航空器将会更加节能、环保、安全,更具隐身效果和更能适应多变的飞行环境。作为航空器的“心脏”,未来发动机的设计将迎来更大的发展机遇与挑战,如何满足未来需求,实现最优解决方案,需要全民的集体智慧与科学素养。

提升公民科学素养,不但要依靠学校教育,也要依靠社会教育来实现。博物馆作为重要的社会教育机构,特别是其中的科技类博物馆,以航空博物馆来看,其宽阔的场地,典型又丰富的藏品,面向全民

的开放度,尤其是多样化的教育方式和专业的科普教育人才队伍等方面,对培育公民科学素养有着独特的优势和实力。其教育内容主要涉及物理学、生物学、化学、环境科学和工程学等学科门类,与自然科学的研究成果也息息相关,随着科技博物馆现代化程度的不断增强,教育人员的素质和教育类活动的开发水平不断提升,教育功能将日益强大,科技类博物馆将成为提升公民科学素养的重要教育基地。